U0490924

国家社会科学基金研究成果

本书受国家社会科学基金一般项目“农消对接型特色农产品流通机制研究”(批准号：16BJY126) 资助

| 光明学术文库 | 经济与管理书系 |

区域特色农产品现代流通方式研究

卢 奇 支培元 | 著

光明日报出版社

图书在版编目（CIP）数据

区域特色农产品现代流通方式研究 / 卢奇，支培元著. -- 北京：光明日报出版社，2022.8

ISBN 978-7-5194-6646-6

Ⅰ. ①区… Ⅱ. ①卢… ②支… Ⅲ. ①农产品流通—研究—中国 Ⅳ. ①F724.72

中国版本图书馆 CIP 数据核字（2022）第 095657 号

区域特色农产品现代流通方式研究

QUYU TESE NONGCHANPIN XIANDAI LIUTONG FANGSHI YANJIU

著　　者：卢　奇　支培元

责任编辑：李月娥　　　　责任校对：杨静熙

封面设计：中联华文　　　　责任印制：曹　净

出版发行：光明日报出版社

地　　址：北京市西城区永安路 106 号，100050

电　　话：010-63169890（咨询），010-63131930（邮购）

传　　真：010-63131930

网　　址：http://book.gmw.cn

E - mail：gmrbcbs@gmw.cn

法律顾问：北京市兰台律师事务所龚柳方律师

印　　刷：三河市华东印刷有限公司

装　　订：三河市华东印刷有限公司

本书如有破损、缺页、装订错误，请与本社联系调换，电话：010-63131930

开　　本：170mm×240mm

字　　数：190 千字　　　　印　　张：14.5

版　　次：2022 年 8 月第 1 版　　　　印　　次：2022 年 8 月第 1 次印刷

书　　号：ISBN 978-7-5194-6646-6

定　　价：95.00 元

序

一直以来，我国广大农村地区虽然区域特色资源丰富，但由于农产品自然生长周期长，生产条件千差万别，加之传统分散的农业生产方式、组织方式以及信息技术、交易方式落后等，严重制约了农业产业化、规模化发展，也成为制约我国农村经济发展、乡村振兴的主要瓶颈。鉴于此，本书作者提出了现阶段在我国加快推进农产品现代流通方式的机制创新与实现路径。

本书作者基于长期的理论与实践积累，汲取现代流通理论创新的精华，针对我国农业产业化、现代化进程中遇到的现实问题、瓶颈问题，以创新的理论设计、实践体系和评价体系，提出了利用现代信息技术在靠近农产品原产地开发新型产业电子商务平台，建立农产品电子现货贸易专区，通过建立产权结合的供应链流通组织机制、要素融合的供应链流通交易机制、产融结合的供应链流通融资机制、基于物流联盟的供应链仓储与物流配送机制、基于大数据及区块链的供应链信息共享与风险控制机制、基于订单驱动的供应链流通一体化机制形成以六大运行机制的创新为连接和保障，联合地方政府、农业生产者、农产品经销商以及物流商、资金提供商、保险公司等多个农产品生态产业链参与者，有效整合区域范围内特色农产品生产、交易、需求各环节中的商流、物流、资金流、信息流与客户流等流通要素与服务，形成区域特色农产品全产业链、全贸易服务场景、全数字化流通渠道与流通模式，而最终形成一种“少环节、信息共享、富有创新和活力”的产业要素集聚、产业电商云集、服务体系完善、竞争合作共赢的新型现代农产品流通方式的路径与方法。

本书作者从理论和实践相结合的角度提出现阶段在我国发展农产品现代流通方式的对策与建议，为地方政府、学者、商业精英创新设计、共谋乡村振兴发展等提供了新理念、新思路与新方法。长期以来，我国虽然是农业大国，但现代农产品流通方式、交易方式落后，特别是在国际上大宗农产品交易一直受西方商品交易所主导，我国缺乏应有的定价权与话语权，这严重制约了中国农业创新能力的发展，甚至形成了农产品交易方式难以服务实体经济的困局。本研究思路框架清晰，以现代信息技术、现代农产品组织机制、交易机制等创新为突破口带动区域特色农业发展的思路可实施、可落地，对于推进中国农业现代化进程，进而开创中国农业产业化、规模化发展道路具有重要的理论与现实意义。相信随着项目的不断深入与推进，必将对我国建立信息公开、透明、统一、开放的现代化农产品流通市场体系，从根本上改变中国传统农业脆弱、分散、孤立的局面产生深远而积极的影响，故乐之为序。

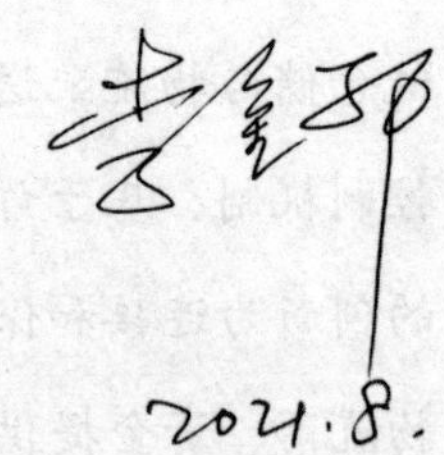

前言

我国幅员辽阔，各地区特色农产品种类十分丰富。依托特色农产品生产与流通，集聚现代生产与流通要素，发展现代农业，已经成为地方政府、平台商、农产品生产者、经销商以及物流商、资金提供者等多个农产品产业生态参与者的共同认识。本书分析了目前在我国加快推进农产品现代流通方式、实现农产品流通体制机制创新的重要性，并提出了具体实现路径：①对农产品供应链各参与主体进行现代化改造，形成现代企业制度；②建立农产品现代交易机制；③建立农产品供应链融资机制；④运用云仓储技术建立一体化的仓储、物流、配送机制；⑤在农产品供应链中嵌套区块链技术，实现农产品全产业链的数据信息共享与风险控制；⑥建立以订单为驱动的农产品产销一体化机制。

本书基于价值引导、农产品现代流通评价指标体系建立、政策建议以及产业推进等方面的理论与实践探索，丰富和完善了现代农产品流通理论体系，为乡村振兴、创新设计等提供了新理念、新路径、新方法。

本书在写作过程中，注重理论前瞻性与实践可行性相结合。写作团队既有来自高校的教师、研究生，也有来自实践部门的专家。其中，北京工商大学经济学院卢奇教授负责拟定全书的写作大纲，完成全书主要章节的撰写、修改及完善等工作；北京工商大学经济学院硕士生校外导师支培元博士参与了编写工作，并为本书写作提供了大量的实践案例与佐证；北京中医药大学段利忠教授参与了编写工作，并为本书定量部分的修订与完善提供了切实的指导。此外，卢奇教授指导研究生参与了本书部分章节的编写。各章具体分工为：卢奇、王晶负责第 1、5 章；卢奇、吴洁负责第 2、9 章；卢奇、康倩倩负责第 3、7 章；卢奇、支培元负责第 4 章；卢奇、常建洋负责第 6、8、10 章；姜凯旋、卢奇、郄红梅、段利忠负责第 11 章；耿丽丽、卢奇、常建洋、段利忠负责第 12 章；卢奇负责第 13 章。

本书在写作过程中，得到了中国人民大学商学院博士生导师李金轩教授的指点。同时，北京工商大学经济学院相关领导、同仁也给予了极大的支持与帮助。此外，本书得以顺利出版还得益于北京工商大学科技服务创新能力项目的大力支持、光明日报出版社编辑的辛勤付出，在此一并致以最诚挚的谢意！

鉴于区域特色农产品现代流通方式在中国具有广阔的应用前景，本书既可为政府相关部门制定助农、扶农政策提供借鉴参考，也可作为促进乡村振兴、农产品流通以及现代农业产业发展的培训教材，还可作为高等院校相关专业学生的教材及参考书。

由于作者理论认识与实践水平的局限性，书中不足之处在所难免，恳请读者及同行专家给予批评指正。

卢奇

2022 年 8 月

于北京

目　录
CONTENTS

第1章　总　论

1.1　研究背景、目的与意义

1.1.1　研究背景

1.1.1.1　需求升级拉动区域特色产业发展势头良好

2010年之后，随着消费者消费品质的提升，安全、绿色、生态、具有家乡情怀且独具特色的农产品深受消费者青睐，网上热卖特色农产品的数量持续走高。据统计，2019年农村网上零售额在2014年1800亿元的基础上扩大了8倍多，完成了1.7万亿元。与此同时，以2014年开展的电子商务进农村综合示范工作为契机，全国农村各县区积极开展“互联网+”现代农业行动，大力发展农产品电子商务，促进了农产品超市、农业合作社、农业企业和农业网络的对接，鼓励在城市和社区建立农产品直销网点，并提高了农产品销售能力。大力培育，做大、做强特色农产品区域品牌，开展农产品品牌创优活动，使区域特色农产品品牌影响力不断提升。特别是围绕区域特色农产品生产与流通，产业优势明显提升，一、二、三产业融合发展的区域特色产业发展生态圈正在逐步形成。

1.1.1.2 农产品产业电商推动农业生产与流通深入进行

长期以来，我国农业生产与流通中存在以下问题：①农业组织化程度不高。由于农民的分散经营，生产力低下，小农经济根深蒂固，规模化、集体化生产难以推行，更难以普及。②农产品交易方式明显落后。目前来看，我国绝大部分地区农产品仍然采用生产商—多级批发商—消费者的流通渠道与传统交易方式，大量中间商的存在，增加了农产品流通成本和交易费用，使生产端获利较少。③大量分散农户与小微农产品经销商面临信用差、融资难等问题。④农产品优化配送物流体系不健全。⑤农产品供、需两端信息不畅通。既无法保证消费者对农产品生产、流通安全的要求，也难以发挥需求引导生产的作用。

随着信息技术的深入发展，农产品产业电商与传统农业的深度融合创新得到了不断推进。实践证明，通过运用大数据、区块链、云仓储等技术，开发区域特色农产品产业电子商务平台，使农产品产业链内部各企业、各环节实现数字化，每家企业P（生产端）、B（经销商）与C（消费端）都实现信息共享，并完成数字化的沟通和协调；优化P端生产企业以及整个产业链的内部效率和外部服务能力；将城市产业资本引入农村，培育新型农业经理人；并通过流通组织创新、融资方式创新、交易方式创新、物流配送方式创新与信息技术创新等倒逼农业实现大规模、工业化和现代化的生产，是从根本上解决长期困扰我国农业生产与流通发展的有效途径。

1.1.1.3 数字化技术助力农业发展新方向

《中共中央国务院关于实施乡村振兴战略的意见》《乡村振兴战略规划（2018—2022年）》《数字乡村发展战略纲要》《数字农业农村发展规划（2019—2025年）》等国家政策密集出台，为数字农业的发展指明了方向。数字技术与农业融合加速发展，基于农产品大数据服务不断丰富，农业数字化、产业化的内容不断丰富和创新发展。据统计，2018年，我国农村农业数字经济占农业增加值的7.3%，数字化发展对于农业的推动作用初步显现，并且呈现不断加速的趋势。

综上所述，在新农业日新月异发展的今天，如何通过特色农产品市场流通机制创新，形成供需衔接、多产业融合、产业链价值增值明显的特色农产品现代流通新方式并促进区域特色农业发展是本研究的重点内容，也是当前我国优化农业产业结构、推进农业现代化进程的重要步骤。

1.1.2 研究目的

通过理论分析与实证研究，解构与重构我国传统农产品流通渠道、流通模式与流通方式，从组织机制、交易机制、融资机制、物流机制、信息共享与风险控制机制以及供应链一体化流通机制创新等方面提出建构我国新型区域特色农产品现代流通方式机制体系的思路框架，为促进我国现代农产品流通转型升级、完善我国农产品流通机制体系、推进我国农产品流通现代化奠定基础。

1.1.3 研究意义

1.1.3.1 理论意义

围绕区域特色农产品从生产端（P端）到贸易端（B端）到消费

端（C端）的流通方式，跨学科应用现代商品流通理论、现代商品交易理论、供应链组织创新理论、供应链金融理论、现代商品仓储与物流配送理论、大数据与区块链理论等相关思想，提出以六大运行机制的创新为链接，联结多个农产品产业链参与者，打通农产品从生产到贸易，到消费的商流、物流、资金流与信息流等流通要素，最终形成一种“少环节、信息共享、富有创新和活力的供需衔接、产销一体化”的新型区域特色农产品现代流通方式的思路与方法。该研究的理论贡献在于：

（1）拓展了传统农产品流通的内涵。本研究秉承服务创造价值的理念，构建了通过商流、物流、资金流与信息流服务要素融合创新所形成的新型农产品大流通、大服务的分析框架。

（2）扩大了农产品流通主体范围。该研究主体不仅局限于传统的商贸流通、批发、零售等交易主体，还包括供应链上游的农户、中游的第三方物流商、资金提供商、保险公司、平台提供商等众多服务主体。

（3）完善了农产品流通市场机制体系。该研究关于产权明晰的供应链流通组织机制，要素融合的供应链流通交易机制，产融结合的供应链流通融资机制，基于物流联盟的供应链流通仓储与物流配送机制，基于大数据、区块链的信息共享与风险控制机制以及基于订单驱动的农产品供应链流通一体化机制创新等内容，对于丰富与完善我国农产品现代流通市场机制、构建新型农产品流通市场体系等均具有重要的理论创新意义。

1.1.3.2 实践意义

（1）提供了以区域特色农产品流通为突破口，通过建构区域特色农产品现代流通方式，带动农村特色产业发展的新方法、新路径。

（2）通过产业电商模式创新，将单一产品打造为地区特色农产品品牌，并通过政府引导，行业协会和龙头企业的参与搭建农产品交易平台，实现网络品牌突破和领先地位，获取行业的采购大数据，从而使该品种产业链达到最大价值，有助于从根本上改变中国农业弱小、分散、孤立的局面。

（3）通过农产品供应链流通组织机制创新，有利于在农产品供给端形成农户联合体及新型市场经营主体，让农民增收，推进农业的转型升级。

（4）通过农产品供应链流通融资机制创新，实现供应链上、下游企业间的资金融通，通过引入当地农商行或城商行与产业电商平台合作，有助于有效解决农产品产业生态链各参与方的融资难问题。

（5）通过农产品供应链仓储与物流配送机制创新，有助于合理利用储力资源与运力资源，实现物流配送方案最优化，极大节约农产品物流成本，提高流通效益。

（6）通过农产品供应链流通信息共享与风险控制机制创新，有助于有效实现农产品流通的大数据整合，实现名牌聚焦推广，做出销售增量。从在线集中采购到金融服务分享，从产能预售的定制化赋能商品大数据到聚焦推广给农业生产企业，有助于增加农产品流通供应链的信息服务价值。

（7）通过以订单为驱动的供应链一体化流通机制创新，有助于对接农产品需求与供给信息，发挥需求拉动生产的作用。

1.2 主要内容、研究方法与结构框架

1.2.1 主要内容

本研究内容主要分为五部分共 13 章。

第一部分，总论。包括第 1 章。

第 1 章主要内容包括：①阐明本研究的背景、目的与意义；②阐明本研究的内容、研究路线与结构框架；③文献述评、理论基础与分析框架；④对重要概念进行阐释和界定；⑤对创新点进行总结。

第二部分，现状分析与借鉴。包括第 2 章、第 3 章。

第 2 章主要从流通渠道及流通模式两方面对我国农产品流通方式发展演进过程，以及目前我国农产品流通方式所呈现的现代化特征进行分析总结；第 3 章选择国外代表性国家，对其农产品现代流通方式进行比较分析、总结与借鉴。

第三部分，区域特色农产品现代流通方式与流通机制创新研究。包括第 4 章、第 5 章、第 6 章、第 7 章、第 8 章、第 9 章、第 10 章。

第 4 章从供应链视角阐明建构区域特色农产品现代流通方式总体思路及机制体系框架；第 5 章从产权视角阐述建立产权明晰的供应链流通组织机制的主要内容；第 6 章从商流视角阐述建立要素融合的供应链流通交易机制的主要内容；第 7 章从资金流视角阐述建立产融结合的供应链融资机制的主要内容；第 8 章从物流视角阐述建构基于物流联盟的供应链仓储与物流配送机制的主要内容；第 9 章从信息流视

角阐述建立基于大数据、区块链的信息共享与风险控制的主要内容；第10章从消费者视角阐述建立基于订单驱动的供应链流通一体化机制的主要内容。

第四部分，实证分析。包括第11章、第12章。

第11章，基于平台用户视角，从商流、物流、资金流与信息流四个角度入手构建指标体系，运用结构方程法，对影响农产品现代流通方式的因素进行分类深入研究；第12章，以流通过程中的商流、物流、资金流、信息流要素为框架构建指标体系，选取江苏省的11个地级市为研究样本，采用灰色关联—模糊综合评价法，对其农产品现代流通方式、流通效率进行综合评价与分析。

第五部分，本研究结论、对策与进一步研究展望。包括第13章。

第13章，提出本研究的结论，并提出加快发展我国区域特色农产品现代流通方式的主要对策，展望进一步研究方向。

1.2.2 研究方法

1.2.2.1 归纳总结与对比分析法

第1章、第2章分别运用归纳总结的方法，对前人研究成果及我国农产品现代流通方式发展演进过程进行归纳总结；第3章采用对比分析方法，与国际领先农产品流通方式进行对比，借鉴其先进经验。

1.2.2.2 系统分析与构思分析法

第4章运用整体的、动态的、系统演进的观点，对我国特色农产品流通产业链上商流、物流、资金流、信息流等相关要素的集散、共享、整合以及流通产业链上各相关主体的协同、耦合等现象进行深入思考，提出特色农产品现代流通方式建构思路及体系框架；第5、6、7、8、9、10章，运用构思分析法，分别从组织机制、交易机制、融资机制、物流机制、信息共享与供应链一体化流通机制等方面出发，阐述特色农产品现代流通方式机制创新的主要内容。

1.2.2.3 问卷调查与结构方程法

第11章，运用问卷调查与结构方程相结合的方法。首先，设计调查提纲、调查问卷；其次，采用访谈法、问卷法等方法收集相关资料；再次，使用专业的统计软件对收集的数据进行筛选和梳理；最后，运用结构方程模型从商流、物流、资金流与信息流四方面构建评价指标体系，从用户视角出发，对影响特色农产品现代流通方式的因素进行实证分析。

1.2.2.4 灰色关联与模糊综合评价法

第12章，首先运用灰色关联分析法对影响流通渠道效益的主要因素进行筛选，建立评价区域特色农产品流通效率的特色指标体系；其次，运用模糊综合评价方法对江苏省区域特色农产品流通效率进行综合评价。

1.2.3 结构框架

本研究思路、研究内容及其研究方法的结构框架如图1-1所示。

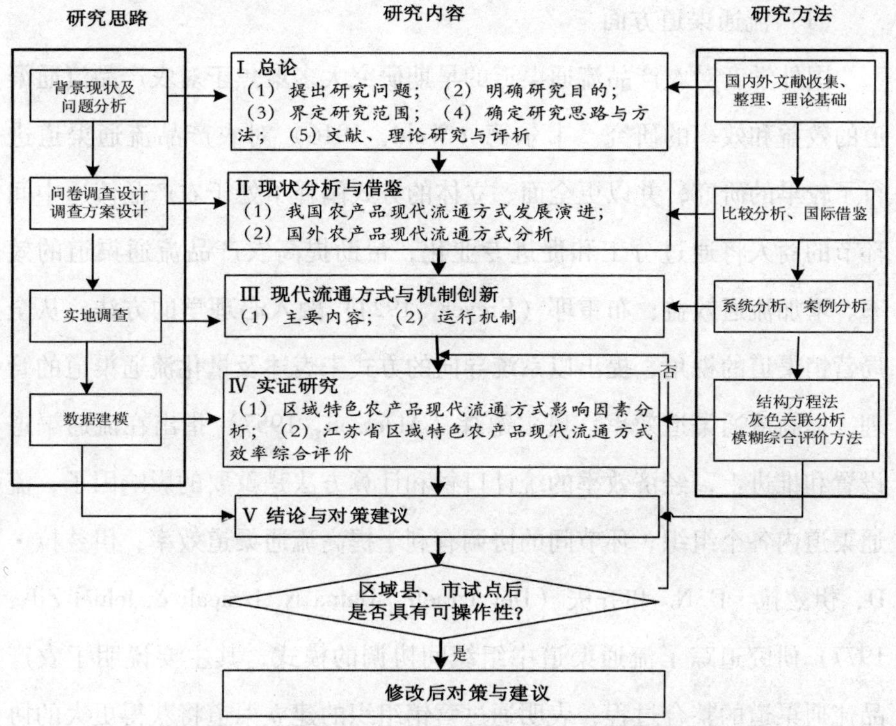

图1-1 区域特色农产品现代流通方式研究结构框架

1.3 文献述评、理论基础与分析框架

1.3.1 文献述评

1.3.1.1 国外学者对农产品流通的研究综述

国外学者对农产品流通渠道和农产品供应链的探讨相比国内而言起步较早，且较为深入。

（1）流通渠道方面

国外学者对农产品流通渠道的早期研究大多聚焦于对农产品流通渠道的效益和效率的研究。韦尔德（Weld，1916）对农产品流通渠道进行了较早的研究，并以更全面、立体的方式阐释了处于农产品流通中间环节的商人将通过分工和促进专业化，帮助提高农产品流通渠道的效率、增加流通效益；布雷耶（Breyer，1924）融入心理学的方法，从全局营销渠道的视角，提出以系统导向的方式来表述及量化流通渠道的管理、提高流通渠道效率；奥尔德森（Alderson，1957）指出在流通渠道设置和推进上，经济效率的统计口径和计算方法是重要的影响因子，流通渠道内各个组织、环节间的协调有利于提高流通渠道效率；伊兹拉·D，伊兹拉·D.N. 和齐夫（Dov Izraeli，Dafna N. Izraeali & Jehiel Zif，1977）研究追踪了流通渠道中组织间协调的模式，其主要说明了农产品流通渠道的整合过程，表明通过营销组织的建立渠道将获得更大的协调和更高的效率；阿迪佐娃（Adintsova，2006）研究了流通渠道中经销商的活动及其工作效率评估，并以建立信息数据库的方式实现了对经销商工作效率的复杂评估。随着互联网大数据技术的发展，后期学者更加关注数字化平台在整合数据、提高流通渠道效率上的作用；奥利维拉（Oliveira，2013）等认为物流成本是制约流通竞争力的一个重要因素，其成本费用来自物流系统的不同阶段，如生产、储存、配送、信息管理、客户服务等，因而提出使用一个系统数据库进行数据存储，基于存储的数据，系统每周制订农户、客户和仓库之间的产品配送计划，使得流通渠道成本降低、效率得到提高；米兰·J、尼基塔·Z和加拉宾·D（Milanovi J，Nikitovi Z & Garabinovi D，2020）通过一项封闭式调查得到塞尔维亚共和国领土内126个农场的样本，对样本的研究结果表明，顾客接触水平（作为分销渠道的一部分）影响着农产品分销体系的竞争力水平。

（2）农产品供应链方面

对于农产品流通供应链的研究，早在20世纪60年代，米盖尔和琼斯（Mighell & Jones）就提出了“农业纵向整合”学说，该学说指出农业上的纵向合作是一种组织创新，它包括农产品从生产、加工、仓储、运送到销售的全过程，这一创新对于面临发展天花板的农业生产来说尤为重要；威尔逊和克拉克（T. P. Wilson & W. R. Clarke，1998）提出了农产品供应链中的食品安全与可追溯性，旨在利用互联网技术实现对供应链上数据的追溯，其描述了一种设计和开发软件系统的可能机制，该系统将对可追溯性数据进行整理、定位和传播，并且该系统利用个人电脑使用量的持续增长、电子通信成本的下降以及互联网的全球性，在全球范围内运作；拉吉夫·D. 班科和萨比亚萨奇·密特拉（Rajiv D. Banker & Sabyasachi Mitra，2006）以印度在线咖啡拍卖为例研究了农业供应链中的采购模式，其研究也是基于互联网的兴起，通过互联网将种植者与国内和国际市场直接联系起来，所不同的是建立一个在线平台实现种植者与国内、国际市场的连接；埃文德罗·巴卡林、埃德蒙多·马德拉和克劳迪娅·鲍泽·梅德罗斯（Evandro Bacarin，Edmundo R. M Madeira & Claudia Bauzer Medeiros，2008）认为：为了严格监管农产品供应链，确保食品安全和多层次可追溯性，需要在供应链中设定合同对供应链进行复杂的规范和管理，以确保可审计性；吉米·卡瓦哈尔、威廉·萨拉奇和雅塞尔·科斯塔（Jimmy Carvajal，William Sarache & Yasel Costa，2019）以哥伦比亚的甘蔗为例强调了整合农业产业供应链运作的重要性，指出其是提高竞争力的一种途径，该研究从战略—战术规划的角度出发，结合多个农业决策，提出了甘蔗供应链规划的优化模型；乔瓦尼·米拉贝利和瓦托里奥·索利纳（Giovanni Mirabelli & Vittorio Solina，2020）说明了区块链技术在农业供应链可追溯性上的应用，并指出在农业方面需要建立一个适当的可追溯系统，这对于保证农产品质量具有重要意义。

1.3.1.2 国内学者对农产品流通的研究综述

1978 年以后，我国市场经济体制逐渐开始释放市场活力，市场分工越来越复杂，我国学者对于农产品流通理论与实践的研究与认识也越来越深入，从多个视角总结了农产品流通实践中的经验，创新了农产品流通理论。

（1）基于农产品流通主体即流通组织的视角

农产品流通组织，是指农产品流通体系的主体，其以独立的形式参与农产品流通，在农产品流通中扮演商流、物流、信息流和资金流中的一个或者多个角色，并完成农产品从生产领域到消费领域的转移。一般来说，流通体系越发达，则流通组织越完善、产权界限越清晰。流通组织的现代化是建立现代农产品流通机制、实现整个农产品流通体系现代化的基础和保证。

近年来，我国学者越来越关注农产品流通组织的研究。韩喜艳（2013 年）首先梳理了我国农产品流通组织方面存在的问题，包括组织水平低，组织的成本高、效率低等；其从农产品流通组织动态含义的角度，给出了“农产品流通组织化”的定义，它是指农产品流通实体通过建立流通环节和不断优化农产品流通服务而产生、激发或建立的不同类型的合作和协助关系，从而提高农产品流通效用的动态过程。吴赛（2014 年）总结了国内农产品流通组织模型的研究现状，指出农产品流通方式不仅包括以实体市场（批发市场和农贸市场）为中心的农产品流通方式，还包括农业企业、农业合作社、连锁超市等大型分销组织中的农产品流通，进一步扩大了我们对农产品流通组织的关注范围。根据农产品的主要联系方式，分为三种不同的流通方式：一是以农产品批发市场为主导的“农民+农产品批零组织”形式，即农民通过批发商或零售商向市场流通农产品；二是农产品流通企业主导的“农户+农产品流通企业”形式，即农产品流通企业将从农户那里收购的农产品统一输送到市场，减少了交易成本，增加了流通效率；三是农民合作经济组织主导的“农户+中介组织”形式，即农民自愿联合组成中介组织，以增强其经济地位，并通过中介组织与市场联系。刘雨平（2017年）认为，互联网的发展对于传统意义上的产品流通组织是一大挑战，使它难以适应行业进步的要求，所以需要建立适应新的发展要求的流通组织体系，加强对流通供应链的改造。李明睿（2019年）提出流通组织转型的迫切性与面临的挑战：主要是基础设施不够完善，不同地区的消费者不能保证同等的消费权利；流通组织发展和盈利模式缺乏创新，商家如果无法抓住和满足客户的各种需求，那么很容易被风云变幻的市场淘汰。徐雅静（2020年）指出，我国流通组织的现代转型表现为动力和能力不足、组织程度低、转型成本高。其认为，中国目前为流通组织的现代化和重组带来了新机遇，流通组织的应对策略是优化虚拟和现实结构。首先，可以选择加入第三方交易平台，开发移动终端应用程序，并建立自己的在线销售平台进行在线销售；其次，在实体运营中应使用先进的技术来优化消费者体验，并充分利用实体店体验优势以增强市场竞争力。

（2）基于农产品流通渠道、流通模式的视角

农产品流通渠道是指农产品从生产领域转移到消费领域的途径、环

节、形式等；农产品流通模式是在一定社会形态下农产品流通中经济成分的构成和调节农产品流通运行机制的相对稳定的式样。农产品流通渠道及流通模式反映了农产品流通方式的实现路径。

流通渠道方面，殷延海（2012 年）指出我国传统农产品流通渠道所存在的主要问题有：流通环节多、信息不畅、流通过程中损失过大等。基于上述问题，提出了“农超对接”的流通方式，通过将农户集结起来、达成协议、建立农产品生产合作社或者公司，由农户组成新的联盟与超市进行对接，建立以超市为中心的集农产品批发、仓储、加工、配送为一体的农产品交易平台。赵晓飞、李崇光（2012 年）通过实证分析指出：流通渠道的重心或者增值点的改变是影响农产品流通渠道变革的主要因素，并提出了相应的政策建议：①促进流通渠道和流通战略的发展，推动流通渠道多样化；②促进流通渠道中流通主体合作协调，设置专业的流通渠道职能；③创新供应链上流通主体组织方式，推动流通渠道的信息化管理；④以连锁超市方式进行产品销售，倡导现代交易方式，优化流通渠道环境。李杨（2013 年）阐述了我国农产品流通的 4 种基本渠道，分别是：①由零散的农户自行进行销售；②由农户将自己的产品通过中间商流入市场；③依靠现代物流业和现代集约化市场改变流通的渠道模式；④对农产品进行纵向深加工，由农产品加工企业实现农产品的异地销售模式。麦影（2014 年）基于合作关系的视角，实证分析了农产品流通渠道的创新，其研究表明，流通渠道的权力及交易成本直接或间接提升渠道创新能力，因此，构造合理有序的渠道成员关系，提升成员间的协作关系和稳定性，对于提高农产品流通渠道的创新能力有积极作用。赵晓飞、田野（2016 年）通过构建关系模型，分析了农产品流通渠道变革的经济效果和作用机理。其研究表明，渠道变革对于流通的一体化程度及其绩效水平有明显的提升作用，但由于渠道环境变得逐步规范、有序发展，渠道变革对于渠道一体化的作用程度在减少，而对于渠道绩效的作用程度在加强。李美羽、王成敏（2019 年）为鲜活农产品优化流通模式提出了战略建议，研究认为改善鲜活农产品流通渠道应当对农产品从生产到销售这一流通过程中的各个环节进行重新规划建构，以增加农产品收益。

流通模式方面，王勇、孙美玉等（2010 年）指出我国农产品流通模式存在组织化欠缺、企业规模小、流通环节多、交易方式落后以及流通渠道的供求组织作用小等诸多弊端，并提出了以四种核心企业为主导的新型农产品协议流通模式：中间企业供应链组织型、零售企业定点型、连锁集团主导产业链型、批发市场服务拓展型。黄洁（2016 年）认为就商品流通的经济成分而言，流通模式可划分成私有制流通模式、单一所有制流通模式、公有制流通模式等；就调整商品流通运行机制方向而言，流通模式可分成自由市场分权流通方式、高度计划集权型流通模式等。王春燕和赵长盛（2018 年）等总结了我国农产品流通的主要模式，包括农户+（收购小贩）+批发商+零售终端、农户+龙头企业+（批发商）+零售终端、农户+农民合作社+龙头企业+（批发商）+零售终端三种形式。并指出其存在的主要问题是农户与零售个体户作为流通主体普遍规模较小，农产品批发市场数量大但规模小、档次低、运输技术含量低。同时指明中国农产品流通模式的发展方向是社区直供直销模式更普及、网上对接更广泛、大型农产品批发市场越发规模化等。

（3）基于农产品流通要素的视角

农产品流通要素是指在农产品流通过程中伴随流通主体间交易行为的产生而产生的商流、物流、资金流与信息流及其结合方式。农产品流通要素的分离与结合方式反映了农产品流通体系由低级向高级的发展过程。

首先，商流、物流的出现是社会分工细化的必然结果，是社会经济、商品经济发展的一个重要标志。陈文玲（2012 年）指出，从最原始的以物易物以及以货币作为媒介的现货交易中，可以看到商流、物流、信息流、资金流是一起发生的。随着消费方式的变化流通要素发生了分离，各流通要素在整个流通过程中各自分开进行，这导致各个节点的流通规律和效率各不相同，只在一定的时点和节点上交叉或聚散。

其次，随着商品经济的进一步发展，为了进一步提高流通效率，满足全社会的流通需求，商流、物流、资金流和信息流必须得到整合以协同演进。谢晴（2014 年）认为商流、物流、信息流和资金流是现代流通的四大要素，“四流”相互依存、相互作用下才能完成整个商品流通过程；曾小燕（2019 年）从供应链商流、信息流与资金流相结合的角度，探讨了供应链金融创新的形式，即商业银行等金融机构以农业产业链上的核心农业企业为支撑点，利用核心农业企业的信用为农户的信用增级，通过科学的信贷协议和产品设计，将单个实体不可控制的风险转化为整个供应链可控制的风险，并用于满足产业链中所有环节的融资需求。

1.3.1.3 简要评析

(1) 国外对农产品流通的关注始于对农产品流通渠道效率的关注，后来更加精准地发展为对农产品供应链的研究，包括供应链的组织行为、协同效应以及整个供应链的效益等。其研究的整体观、价值观、效率观等反映了农产品流通的研究脉络，也为近现代农产品流通理论的产生与发展奠定了基础。

(2) 改革开放以后，随着我国流通实践的不断创新与发展，我国学者借鉴现代供应链管理、供应链金融、现代商品交易与成本费用、现代物流管理等理论思想以及大数据、区块链等新兴技术手段对于农产品流通理论分别从流通组织、流通要素、流通渠道、流通模式及流通方式等多方面进行拓展创新，丰富与完善了我国现代农产品流通理论体系，也为本研究提供了可资借鉴的理论与方法。

(3) 笔者认为，从传统多层级直线型供应链渠道向现代多节点网络状闭环数字供应链渠道发展、从传统流通模式向现代流通模式过渡、从传统流通方式向现代流通方式的创新发展是当前我国农产品流通发展的主要趋势。在信息技术、大数据、区块链等新兴技术手段的支撑下，解构与重构传统农产品流通组织模式、渠道模式、交易模式、物流模式、融资模式、信息共享与风险控制模式，建构以产权结合的供应链流通组织机制、要素融合的供应链流通交易机制、产融结合的供应链流通融资机制、基于物流联盟的供应链仓储与物流配送机制、基于大数据及区块链的供应链信息共享与风险控制机制、基于订单驱动的供应链流通一体化机制为主要内容的区域特色农产品现代流通方式，是新时期农产品流通创新的主要内容。

1.3.2 理论基础

现代商品流通理论是本研究的理论基础。近年来，现代商品流通理论已呈现多学科交叉融合、不断拓展创新的发展趋势。其不断吸收现代商品供应链管理及供应链金融理论、现代商品交易成本与费用理论、现代商品物流理论、大数据、区块链等技术创新理论的最新研究成果而不断丰富与发展。特别是改革开放后，现代商品流通理论在我国得到了广泛的应用与发展，这为我国农产品现代流通方式的解构、重构和建构提供了坚实的理论基础和强大的技术支撑。

1.3.2.1 现代商品流通理论的融合发展

（1）供应链管理理论

供应链理论起源于后勤学管理。基思·奥利弗和韦伯（Keith Oliver & MichaelD. Webber）于1982年首次提出供应链管理的概念，其发展分为三个阶段。

第一阶段，强调供应链是物流管理过程。研究初期，人们认为供应链是仅仅涉及实物流转的过程，即将原材料和零部件等通过生产转换和销售等活动传递到消费终端的过程。因此，供应链仅被视为企业内部的日常流通过程，人们对供应链的认识不够全面。但是，随着经济和社会的变化以及对企业理论的理解和相互协调的加深，供应链的研究范围进一步扩大，供应商也被纳入供应链的研究范围。

第二阶段，强调供应链是价值增值链。20世纪90年代以后，营销理念的变化导致消费者被纳入了供应链体系，这是对供应链认识的一大飞跃。这时供应链的定义已从生产链转移到覆盖整个产品生命历程的动态增值链。

第三阶段，强调供应链是“网链”。随着企业关系向网络化方向发展，供应链也从单线条向多线条融合交叉的网络状发展，形成一个“网链”。“网链”是由许多“单链”交叉形成的，它更接近于企业发展现实。哈理森（Harrision，1999）对供应链的定义是：“供应链是执行采购原材料，将它们转换为中间产品和成品，并且将成品销售到用户的功能网链。”

20世纪90年代后期，对于供应链的解释更偏重于“网链”，它不再是传统意义上的销售链，而是体现了企业的扩展及企业间的交错关系。罗斯（Ross，2002）认为，供应链是具有较强竞争力的供应系统，包括从生产到消费的所有环节，可满足消费者的需求。埃文斯（Evans，2007）认为供应链是一个由各个环节反馈的物流和信息流连接而成的结构模式，覆盖生产、供应、批发、零售等所有环节。因而，供应链上的各个节点都是不可分割的重要部分，是为了解决相应问题而产生的全新的分工模式，供应链上的价值增值是由各个环节对其进行的加工、转运而产生的，比如物流解决了长途转运的问题，信息流解决了信息传递缓慢或者信息不对称的问题，资金流解决了资金困难、资金流转不畅以及支付和结算的问题等。

因而，供应链管理理论在当代的创新与发展为促进形成新型产业要素集聚、产业电商云集、服务体系完善、竞争合作共赢的区域网络特色农产品现代流通方式提供了理论基础。

（2）交易成本与费用理论

科斯首先提出交易成本理论。科斯在1960年的一篇《社会成本问题》论文中对交易成本定义为："为完成一项市场交易，有必要找到愿意交易的人，告诉人们有人要做交易以及交易的条件，有必要进行讨价还价，签订合同，并监督合同条款的执行情况等。"这里提到的交易成本包括事前的搜寻交易对象的成本、事中的讨价还价与签订合约的成本以及事后的监督执行合约的成本。交易成本的多少关乎生产者的利润，因此降低交易成本是交易双方都需要关注的问题。在农产品交易中如何更好地减少交易成本是一个重要问题。根据科斯的定义，农产品交易中的事前成本主要是搜索信息的成本，如寻找交易者，搜寻关于农产品市场价格信息所付出的成本；事中交易成本主要是交易双方签订合约的谈判成本；事后交易成本主要指监督合约执行的成本。交易成本的存在不仅影响着农产品的成本，还迫使农民提高农产品价格，进而影响市场供求关系，出现供大于求、农产品销售困难等问题。因此，从交易成本产生的原因出发，尽可能降低交易成本，有助于农产品实现其价值，也有助于市场价格的稳定。

因而，交易成本与费用理论为构建新型区域特色农产品现代流通交易机制奠定了理论基础。

（3）供应链金融理论

供应链金融是一种金融模式，它专注于解决供应链上、下游企业由于各种原因而产生的融资问题。在国际上，较早的金融顾问及咨询公司 Tower Group 将供应链金融定义为：供应链金融是以发生在供应链上的真实交易为背景，在此基础上设计一系列的融资方案，以解决供应链短期的融资问题。国内学者胡跃飞、黄少卿（2009 年）从贸易的角度对供应链进行研究，指出供应链融资是贸易融资的一种升级。李建、王亚静等人（2020 年）认为供应链金融主要是解决优化组织间的信息和资金流动并让资金流与相应的商流、信息流保持一致。周艳红（2020 年）提出了供应链金融的以下几种模式：第一种应收账款模式，主要是上游企业依靠下游企业强大的业务能力与信用保证，根据其应收账款进行借贷；第二种保税仓模式，主要是下游企业利用保税仓业务，根据其向上游企业的应付款额向银行申请贷款；第三种存货质押模式，是指拥有大量原材料和产品的公司将其库存用作融资的抵押品，以提高资金的流动性。

目前来看，供应链金融发展呈现以下基本特征：第一，提供资金的主体多种多样，不仅包括银行，还包括其他融资机构；第二，融资方式多样，比如，核心企业利用自己良好的信用向银行贷款，并将其提供给上、下游的企业，同时向银行偿还资金，利用自身优势将多方联结起来，这也充分地体现出核心企业在整个供应链中的重要作用；第三，利用大数据、区块链等技术综合性评估金融风险，并以此为依据进行风险管理。

因而，供应链金融理论的发展为构建新型区域特色农产品现代流通方式融资机制奠定了理论基础。

（4）现代商品物流理论

商流是商品所有权的流转，物流是商品实物的转移。通常来说，现货交易结束后，商流就完成了，但现代社会商品交易总是涉及长远距离的运输，所以只有货物的转运完成之后，商流才算完成。物流包括整个商品实物转移的过程，也就是商品从卖家手中到买家手中的中间过程都算作物流的过程。

在现代电子商务快速发展时期，客户在网上下单后，需要通过专业第三方物流公司，进行仓储、物流及配送过程，客户确认收货后才算完成了商品所有权的转移。在现代化的商品交易体系中，一方面商流的实现依赖于物流的实现；另一方面现代化的物流体系，可以增加用户体验，提高商流、物流的循环效率，促进商品价值更好地实现。在物流及配送过程中，仓储的存在弥补了商品供给与需求之间在交割时间与交割数量上的不连续、不平衡、不衔接的问题。高光莉（2014年）认为所谓的仓储管理是指对仓库和仓库中物资的管理。其指出：仓储在物流配送中起着至关重要的作用，仓储在物流配送的成本控制中占有最重要的部分，高效的仓储管理是实现物流增值、服务功能的重要基础。只有有了好的仓储管理，才能有好的物流管理。

因而，现代商品物流理论为区域特色农产品现代流通的物流机制创新奠定了理论基础。

(5) 大数据与区块链理论

①大数据理论

自20世纪70年代以来，人类逐步经历计算机时代、互联网时代，而今已经大踏步地进入了大数据时代。1997年，为了描述人类面临的机遇和挑战，“大数据”一词被首次提出，即大数据集通常之大，超出了主存储器、本地磁盘，甚至远程磁盘的承载能力和我们通常可以想象的承载能力。此后，“大数据”一词广泛地出现在社会生活的各方面，麦肯锡最早在他们的研究报告中指出“大数据”时代已经到来，每个行业和业务功能领域中生成的数据变得越来越重要，并逐渐成为重要的生产要素；海量数据的运用有利于提高未来的生产效率以及创新消费方式。正所谓凡是可以模拟的都是可以数字化的，凡是可以数字化的都是可以统计的，凡是可以统计的都是可以用大数据来分析的。迄今为止，业界一般认为，大数据（Big Data）是指那些数据量特别大、数据维度特别多、数据关联特别复杂的数据集，这种数据集无法使用传统的数据库进行传输、管理和处理，而这种大规模、高增长率和多样性的信息资产只能通过具有更强决策力、洞察力和计算力的新模型进行处理。国际商业机器公司（IBM）最早将大数据的特征概括成四个“V”。

a. 规模（Volume）。指数据体量巨大，大数据的起始计量单位至少是拍字节（PB）的级别，1PB约相当于1×106GB（吉字节）。

b. 多样（Variety）。指数据类型繁多，包括文本、微博、传感器数据、音视频等。

c. 价值（Value）。指价值密度低，而商业价值高。

d. 高速（Velocity）。指数据创建、处理和分析的速度持续在加快。

②区块链理论

2015年被认为是“区块链元年”，区块链备受关注。对于区块链的含义，从不同的角度来看有不同的定义：从数据角度看，区块链是数据结构；从记账角度看，区块链是一种利用新型技术记账的系统。王元地、李粒、胡谍（2018年）认为：从经济学角度看，区块链是一个价值共享的网络；从技术角度看，区块链是将多个技术融合创新的新技术。刘如意、李金保、李旭东（2020年）在其研究中对区块链在农产品流通中的应用做了论述：应用区块链技术可以建立农产品订单中双方之间的信任；应用区块链技术可以实现物流数据加密共享，物流成本的信用支付等；应用区块链技术可以对农产品的生产、物流、认证等环节进行追溯；区块链技术与互联网技术结合，可有效防止农业贷款被挪用，有助于解决农民的资金问题。由此可见，未来区块链技术将深刻改变农产品流通的各个环节，且在农产品数字供应链信息安全等方面发挥重要作用。

因而，大数据与区块链理论为区域特色农产品现代流通方式信息共享与安全机制创新奠定了理论基础。

1.3.2.2 现代商品流通理论在我国的发展

改革开放以来，现代商品流通理论在我国得到了广泛应用与发展。丁俊发、张绪昌（1998年）指出，“商品流通现代化是指在商品流通的全过程运用先进的流通技术设施、手段和现代的流通方式、管理方法，在市场基本规律的指引下，使商品流通领域的商流、物流、信息流和资金流建立在现代科学技术的基础上，形成高效率、高效益的商品流通体系，以适应国家先进经济体系的发展”；陈文玲（2012年）指出，在改革开放的40年中，流通业已从国民经济的末端转移到前端，从处于被支配地位的行业发展到具有先导性、基础性、决定性地位的行业。经过改革开放40多年的发展，流通的基础性作用依然显现得淋漓尽致。流通理论、学界认知、决策者以及国家战略和政策逐步形成确立的过程，就是流通地位发生重大变化的过程，就是市场取向改革不断推进的过程。如果没有以市场为导向的改革，流通地位的变化只能停留在表面，停留在纸面上，而不能真正建立起来。其总结了经过改革开放40年发展的现代流通业的特征：现代流通更加具有开放性、集聚性、共享性以及流通体系中实物经济与虚拟经济的融合，逐渐形成了具有中国特色的、发达的、适应当前经济体系的现代流通体系。宋则（2017年）指出，由于社会工业化和信息化的发展，流通现代化是商品流通领域的一系列重大创新和变化。流通现代化随着社会特征的变化而呈现出不同的状态。工业化的发展带动了流通领域的创新。这个时期的循环称为早期循环现代化或第一次循环现代化。在信息时代，社会的变化和发展也促进了流通领域的变化。这个时期的流通被称为后期流通现代化或二次流通现代化。流通现代化是流通领域的全面现代化，包括流通体系、流通组织、流通方式、流通技术、流通理念和流通人才现代化六方面。

1.3.3 分析框架

随着现代商品流通理论研究成果的不断丰富、拓展与创新，传统农产品流通从流通主体组织形态到现代流通要素商流、物流、资金流与信息流的分离与结合方式等发生了重大变化，从而传统农产品流通渠道、流通模式乃至供应链结构形式、价值增值方式均发生了根本性变化。本研究以现代商品流通理论的最新研究成果为理论基础，汲取与借鉴供应链管理理论、供应链金融理论、交易成本与费用理论、现代物流管理理论、大数据与区块链理论的思想精华，结合我国现代商品流通的具体实践拓展创新，形成新型区域特色农产品现代流通方式理论分析框架。具体包括以下内容。

第一，拓展现代农产品流通范围。传统农产品流通单纯指介于农产品生产与消费之间的一系列中间环节；而现代农产品流通则是围绕产品生产、供应、贸易、销售等全产业链活动的一系列行为，流通供应链向上游延伸到生产、供应各环节，向下游延伸到贸易、消费各环节，因而，流通主体的范围进一步扩大，包括参与农产品流通产业链分工的各类主体，如产销一体化的经营合作公司、经销商户，提供物流服务的物流商、提供金融服务的银行、提供信息服务的平台提供者等。

第二，构建以产业电子商务平台为联结的现代农产品数字供应链流通渠道。在传统农产品流通方式中相互分割的诸如商流、物流、资金流、信息流与消费流等流通要素通过现代化产业电子商务平台的重新整合，形成新的以数字信息要素为核心的数字农产品流通渠道，从而克服传统流通过程中流通主体、客体、市场及交易方式的时空局限性，使得流通要素得以高效配置，显著节约流通成本、提高流通效益。

第三，构建双向驱动的供应链结构形式。现代农产品流通供应链是从客户需求出发，以订单、直采或直供以及物流直配方式完成的生产者与消费者双向驱动的供应链结构形式，其价值增值方式是链上企业通过组织机制、交易机制、融资机制、物流机制、信息机制等创新而使供应链效率增加所产生的新价值。

第四，通过应用大数据与区块链技术，使数字信息成为链上企业的关键生产要素，实现全产业链产品质量安全与追溯，并形成全产业闭环生态链。

第五，创新农产品流通机制体系。通过对链上企业的组织机制、交易机制、物流机制、融资机制、信息共享与安全机制的创新发展，有效连接各相关主体与流通要素，促进形成新型区域特色农产品现代流通方式。

1.4 主要创新与不足

1.4.1 主要创新

1.4.1.1 研究内容的创新

提出一种通过组建区域特色农产品交易中心、开发特色农产品产业电商平台、建构区域特色农产品流通六大运行机制、重构传统农产品流通渠道与流通模式而促进形成以农产品流通组织方式、交易方式，仓储、物流配送方式以及供需对接方式、信息共享与风险控制方式创新为主要内容的我国特色农产品现代流通新方式的思路与方法，在研究内容上具有一定的创新性。

1.4.1.2 学术观点创新

（1）在对国内外相关研究成果进行归纳、总结与分析的基础上进行拓展创新，提出了建构特色农产品现代流通方式的理论分析框架。

（2）在对我国传统农产品流通渠道、流通模式发展演化过程进行分析及与国外典型国家农产品现代流通方式进行比较、借鉴的基础上，提出重构我国区域特色农产品现代流通渠道与流通模式的思路与方法。

（3）提出了建构区域特色农产品现代流通方式的总体思路，并对其六大运行机制进行了深入分析。

1.4.1.3 研究方法特色

运用结构方程法从农产品流通要素的四个维度即商流、物流、资金流与信息流以及消费者满意度的视角提炼并建立观察变量与指标，形成结构方程模型，对基于平台的农产品现代流通机制的影响因素进行分析；结合运用灰色关联分析和模糊综合评价方法，建立观察变量与分析指标，对江苏省区域特色农产品流通效率进行综合评价，具有方法上的创新性。

1.4.2 主要不足

本研究对农产品现代流通方式进行了粗浅的探索，但仍然存在多方面不足。

（1）由于数据方面因素限制的影响，某些方面的研究不够深入、完善。

研究样本量较小，使得很多对样本量有较大要求的统计学相关的研究方法无法作为本研究的方法。

（2）构建的区域特色农产品流通效益评价指标体系有待进一步完善。比如，对于评价指标的选择过于宽泛，对于一些应该重点考虑的要素如物流方面的配送中心的数量、信息化的投入、商务平台的情况并没有具体考虑，这是在以后的研究中应该尽量完善的地方。

第 2 章　我国农产品现代流通方式发展演进

[内容提要] 主要分析我国农产品现代流通方式的发展演进过程。首先，分析了我国农产品流通渠道的发展演进过程；其次，分析了我国农产品流通模式的迭代优化过程；最后，对目前我国农产品流通呈现的现代化特征进行了归纳总结。

2.1　我国农产品流通渠道发展演进

农产品流通渠道反映了农产品从生产领域进入消费领域所采用的具体路径与方法。从实践上看，我国三大改造完成后，农产品流通渠道经历了传统渠道、由传统向现代流通渠道过渡以及现代农产品流通渠道三个阶段的发展演变。

2.1.1　第一阶段，传统农产品流通渠道（1953—2004）

该阶段反映了我国计划经济体制以及市场经济体制初期农产品流通的主要方式。长期以来，传统农产品流通渠道的主要特征是生产与消费信息不对称，流通作为生产与消费的中间环节冗长，且农产品供应链为从生产到消费的单向、多层级直线型供应链。具体又细分为三个时期。

2.1.1.1　1953—1978 年，计划体制下的统购统销渠道

新中国成立后，我国经济建设逐步恢复和发展，农业发展也逐渐被纳入国家计划经济发展规划。吴硕、杨敏（1987 年）指出：我国 20 世纪 50 年代中期以后形成的农产品流通机制是行政性的自上而下的分配调拨体制，存在着以下主要弊端：①旧的农产品流通体制适应产品经济的需要，不适应商品经济的发展。②因为农产品实行的是统一派购和计划供应政策，没有也不可能形成农产品商品市场体系。③国家对农产品的生产和流通主要或完全依靠自上而下的行政性的计划指令来调节，很少依靠经济的、立法的手段，经济杠杆也不能运用自如。在这种情况下造成了企业没有活力，市场没有竞争性，国家的宏观调控得不到积极反应。刘铮（1989 年）也指出：国家在统购统销制度的模式下，为了从农民手中收购粮食及使部分生产资料到达农民手中而成立了国营商业及供销社系统，这种国营、集体结合的购销系统与农村的集市贸易配合，共同构成了产品经济模式下的农副产品流通渠道。这种以政府为主导的计划型流通渠道如图 2-1 所示。

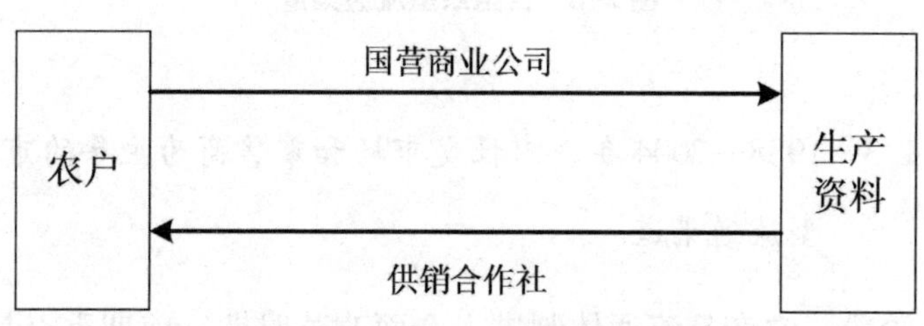

图 2-1　计划型农产品流通渠道

2.1.1.2 1979—1987 年，以小商小贩、农村经纪人为主导的自组织型流通渠道

这一时期，计划调节方式开始过渡到计划与市场相结合的调节方式，并逐渐向市场经济体制方向发展。统购统销、限售及国家收购等政策逐渐被废除，市场经济的自由购销体制初步建立，农村集贸市场及传统农业与农副产品市场等自由贸易市场开始恢复和发展，农产品流通领域采取合同订购与市场收购相结合的“双轨制”交易方式。终端业态开始形成以批发市场为主、以农贸市场和普通超市为辅的农产品市场体系，市场的调节作用开始逐渐确立和加强。该阶段逐渐呈现出多流通渠道并存现象。尤其是“农户+小规模中间商”渠道模式发展迅速。该渠道流通成员扩展为以小商小贩为主体，私营运销商、批发商等其他多种小规模渠道成员共同参与的局面。该自组织型流通渠道如图 2-2 所示。

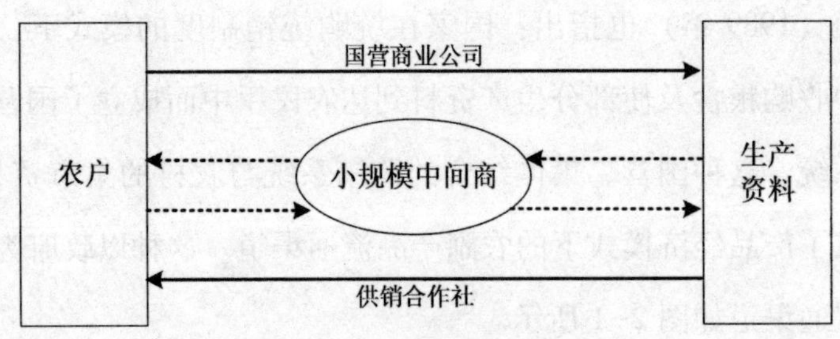

图 2-2 自组织型流通渠道

2.1.1.3 1988—2004 年，以批发市场和零售商为主导的市场中介型流通渠道

这一阶段，农产品流通体制进入全面改革时期，前期重点是对粮食领域进行改革，之后扩展到多元化的农产品流通体系建立和发展，特别

是鲜活农产品流通领域。同时，农产品流通主体的建设和扩展也成为重点，龙头企业、农民专业合作社等农业产业化组织发展较快，农产品市场由卖方市场逐步进入买方市场，终端消费市场需求变化较大。终端业态以批发市场为核心，该以批发市场和零售商为主导的流通渠道如图2-3所示。

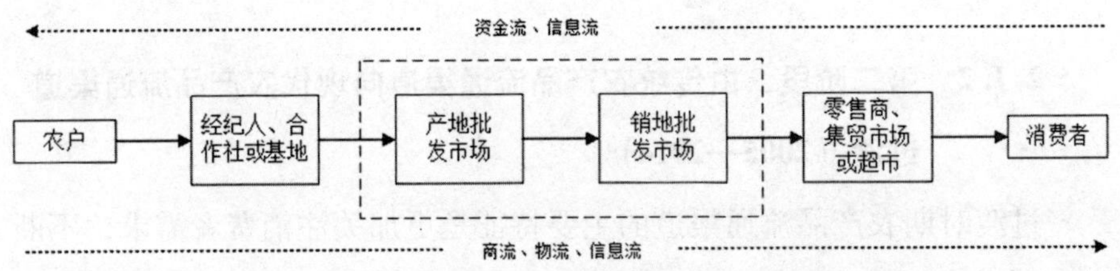

图2-3　以批发市场和零售商为核心的流通渠道

这种以批发市场和零售商为主导的中介型流通渠道能够将初级、适合不同层次购买能力的农产品输送给消费者，具有强大的集散功能的优势，直至今日，仍然在我国农产品流通体系中占据重要地位。

但该渠道同时也存在诸多弊端：一是小农户与大市场的矛盾。农户分散的小规模经营与相对集中的大规模的市场需求之间的矛盾突出。二是农户的市场主体地位缺失，农产品定价机制不合理，农民的利益得不到有效保护，农业发展动力不足。在该模式下，批发市场是连接产地农户与下游流通环节的桥梁，且主导着农产品价格的波动。在种植成本降低、产量上升时造成供过于求的问题，批发商可能会趁机打压产地价格，使其与销地价格相背离；在种植成本上升、产量下降时造成供不应求，产地价格上升，批发商也会随之提高销地价格，保护自身利益。三是供需产业链冗长，供需信息不衔接。流通过程中涉及利益方过多，从而导致流通环节冗长，农产品从生产到最终消费的整个链条中，包括生产者、批发商和消费者等多个主体，且导致农产品在各个流通环节层层加价，生产者和消费者的利益受到损害。四是农产品流通产业链不可回溯，缺乏安全保障体系。这使得农产品的品质特性很难得到保障，流通过程中的收益风险增加。五是农产品交易方式落后。其农产品交易主要以实物现货交易为主要形式。

2.1.2 第二阶段，由传统农产品流通渠道向现代农产品流通渠道过渡（2005—2014）

过渡时期农产品流通渠道的主要特征是更加关注消费者需求，不断缩短流通中间环节，但由于流通组织的变革以及信息技术刚刚兴起，尚未从根本上实现以产品为中心全产业链流通要素的整合。具体来看，以两种渠道模式为代表。

2.1.2.1 以超市为主导的“农超对接”流通渠道

随着我国连锁超市的不断扩大和对农产品需求的日益高涨，2008年开始，由商务部倡导，在全国推广出一种新的“农超对接”农产品流通渠道模式。该渠道是指超市作为零售终端与农户参与的农村合作社之间通过“直供”或者“直采”的形式完成农产品流通，此种模式去除了生产地和消费地批发市场的介入，在某种程度上提高了流通的效率和收益，降低了流通成本，如图2-4所示。

我国目前已有的大型连锁超市辐射范围广、客流量大，使农产品销售能力增强，且货源组织形式也多种多样。这种以超市为主导的“农超对接”流通渠道大致分为三种模式：第一种为“农户+合作社+超市+消费者”模式。该模式以家乐福为代表，农户通过合作社与超市对接，其优点在于成本低，但是需要第三方物流的介入。第二种为“农户+中介型农产品公司+超市+消费者”模式。该模式以沃尔玛为代表，农户通过中介型农产品公司与超市对接。其中，中介公司对农产品的质量、安全、包装、物流负责，按订单对超市进行配送，其优点在于损耗低，农产品的质量安全有保证，但是中介公司参与利润分配会提高超市的成本。第三种为“农户+基地+超市+消费者”模式。该模式以麦德龙为代表，农户通过基地与超市对接。

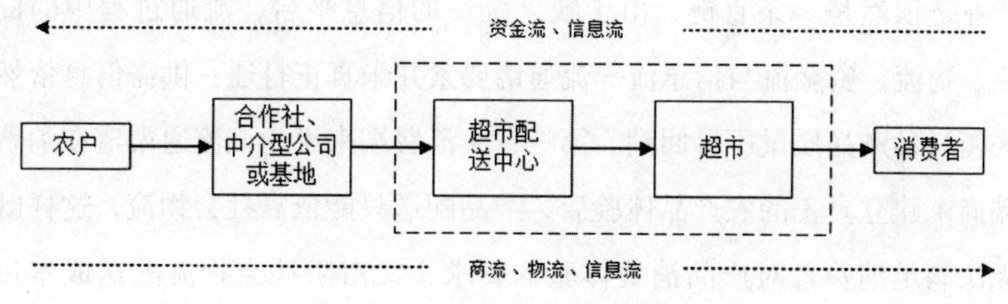

图 2-4 “农超对接”农产品流通渠道

与其他农产品流通渠道相比，“农超对接”农产品流通渠道的主要优势在于：第一，极大地缩短了农产品供应链的长度，提高了农产品流通效率，节约了流通过程中农产品的转运成本，同时超市可以对农产品流通全过程进行实时查看与监控，充分地保障了产品的质量。第二，很大程度地降低了市场的不确定性对农户种植的影响，避免了农户生产的盲目性。由于农户通过经纪人、合作社、农产品中介公司或基地与超市签订供销协议，农户在生产过程中把订单量纳入考虑，可以有效合理地确定种植规模，规避了农产品市场难以预测的供求波动、价格波动等因素对农户收益的影响。第三，超市避开了批发市场的层层环节，实现了与农产品生产端的连接。这既在一定程度上保证了农产品的质量，又降低了供应链成本，使得产品价格降低的同时提高了零售端的产品竞争力。第四，消费者可以以较低的价格购入质量安全有保证的农产品，这既在很大程度上保障了消费者的利益又使消费者获取了最大福利。

该模式在一定程度上拓展了我国农产品流通渠道，但同时仍然存在以下问题：第一，从生产端来说，目前我国农户生产主要采用的是小规模、分散化的生产模式，而超市所需的采购量巨大，“小生产、大市场”的矛盾依然突出，农户的生产经营主体地位未得到真正体现。第二，从流通产业链条与流通要素来看，从农户到超市再到消费者的流通产业链依然是一条直链，由于缺乏统一的信息平台，流通过程中的商流、物流、资金流与信息流等流通诸要素并未真正打通，供需信息依然失衡，且产品质量不可回溯。第三，从消费端来说，该流通渠道在消费端尚未建立真正的农产品体验店，产品配送只能依靠社会物流，这样既无法满足消费者对产品消费体验的要求，又由于社会物流配送成本过高，农产品价格也较高。

2.1.2.2 以农产品零售电商为主导的农产品流通渠道

2005—2014 年也是我国电子商务发展异常迅猛的 10 年，是我国互联网经济赶超世界先进水平的 10 年。这一时期，随着互联网技术的发展，电子商务加速发展，逐渐成为流通业最有潜力的一大支柱，现代商品流通方式也开始萌芽。2005 年起，支付宝投入运营，各类物流企业兴起，与电子商务相配套的资金、物流体系开始发展。京东、苏宁、国美等各级各类电子商务平台和运营商纷至沓来，大踏步开启了电商 1.0 发展时代。这一时期，以 B2C（企业对消费者）、C2C（消费者对消费者）为主的零售电商平台发展迅猛，其核心竞争点是物流体系和商品价格，但平台信用、纠纷等诸多因素阻碍了平台发展。从 2012 年开始，电子商务形成了较大规模的发展趋势，随着手机等移动设备和第 4 代通信技术（4G）的普及，消费者的消费不再受到时间、空间的限制，电商由 1.0 快速演进至 2.0，即移动电商和社交电商发展迅速，这一方面极大地扩展了电商的业务，更加深入地挖掘了消费潜力，增加了电商收益；另一方面，消费者通过社交平台分享购物体验，交流购物感受，拓宽了客户的购物渠道，激发了消费欲望。

2.1.3 第三阶段，现代农产品流通渠道发展演化（2015 年至今）

2015 年至今，开启了电商 3.0 时代，其将电商平台的组成要素有机结合起来，加强要素之间的联系，形成一个整体。此时，“线上销售+线下体验”的新模式开始流行，其通过在线下设置用户体验店，收集用户反馈信息，并做好线下宣传活动，充分发挥线上和线下的各自优势。一方面线上渠道更加便于维护和运营，用户订单量更大；另一方面，线下渠道可以充分地收集客户信息，将消费者的定义扩展为电商平台服务的反馈者，甚至是建设者，同时也可以在体验中获得大量的订单甚至是品牌效应带来的粉丝经济，上述内容极大地拓展了现代农产品流通的内涵。以互联网、大数据、信息共享为核心，颠覆了传统农产品流通渠道，形成了农产品产业电商闭环供应链，如图 2-5 所示。

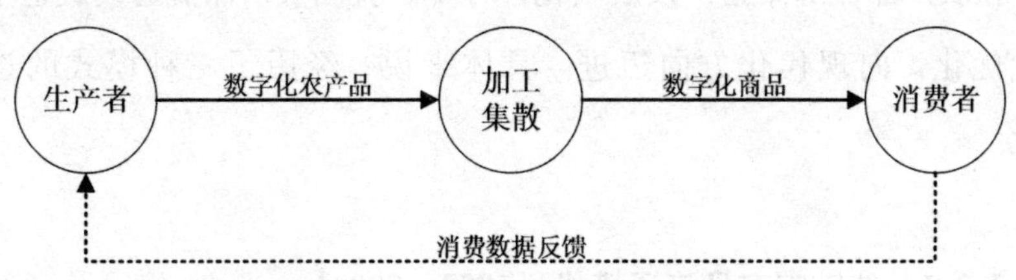

图 2-5 产—供—销数字化联动

该模式与之前的 1.0 与 2.0 相比实现了突破发展，呈现出许多新功能与新特点。第一，具有先进创新的特点。通过电商平台将城市与乡村连接起来，打破了传统农产品电商的局限，改变了原先僵化单一的农村生活和生产方式，创造出新型的农村经济发展方式。第二，具有全链路贯通的特点。供应链产业电商将智能技术赋能传统农村电商，颠覆了传统的农产品流通渠道，推动农产品大规模上行，实现了从生产、加工、物流、销售、金融等方面的全链路贯通。第三，具有全面多元的特点。农产品电商平台激活了特色农产品多元发展的空间，依托当地优势资源赋予单一农产品独特的文化、民风民俗、情景体验等多元元素，增加了无形的体验式服务，改变了传统的消费方式，吸引了更多行业参与。第四，具有调整驱动的特点。随着智能技术的发展，以智能技术为支撑，助推农业信息化，呼应当前国家提出的两山战略，兼顾绿水青山与金山银山发展绿色农业、生态农业，能够很好地调整农村生态结构，驱动农村产业电商发展。

2.2 我国农产品流通模式迭代优化

在农产品流通渠道的发展演化过程中，我国农产品流通模式也不断迭代优化，向现代化方向迈进。具体来说，经历了三种模式的迭代优化。

2.2.1 传统农产品流通模式（1953—2004）

传统农产品流通模式是2005年之前我国农产品流通的主渠道模式。该模式时间较长，经历了由计划经济体制下的以统销统购为特征的农产品流通模式向市场经济发展过程中以批发市场为核心的流通模式的演变。

统购统销的计划经济政策在我国共实施了35年，对国家整体的经济运行和人民生活都产生了极大的影响，具体实施历程：1949—1952年，国家运用粮食储备调控市场以及运用粮食销售中的各种差价维持市场运转，有效地调动了农民生产粮食的积极性。1953年，开始实行农产品统购统销政策，对农产品购销环节进行计划控制。实行统购统销政策后，国家还分别成立了国营商业公司和供销合作社，前者服务于城市市场，为城镇居民定量供应粮食；后者服务于农村市场，负责征购农民的粮食。随着越来越多的农副产品被列入统购统销范围，国家还设立专业的公司从事购销服务，这样一来，国家基本控制了农产品的流通与销售，禁锢了市场配置资源的作用，但随着经济发展水平的不断提高，这种弊端越发明显，无法实现农产品流通业的进一步发展。到1978年尚有2.5亿农民未能解决温饱，统购统销的计划经济政策极大地削弱了农民生产粮食的积极性，实行改革开放后，国家开始了对农村的一系列改革，推行家庭联产承包责任制的同时逐步减少统购统销的范围，开放农产品市场流通。到1984年年底，统购统销的品种由原来的183种迅速缩减到38种，至此，统购统销的计划经济政策开始消解。1985年，我国取消了统购统销制度，国家不再对农产品实行指令性的收购计划，农产品流通开始引入市场机制，开始发挥市场配置资源的作用，国营商业公司和供销合作社逐步退出流通环节。

20世纪80年代中后期逐步推行的农村改革，使农业和农村经济取得了巨大的发展。农业产业化经营使传统农业逐渐向现代农业演进，开启了以多级批发市场为主体的农产品流通模式。这一时期，农产品批发市场成为我国农产品流通的中心枢纽，承担国内70%的农产品流通任务，成为我国农产品商流、物流、信息流的集散中心，能够在一定程度和范围内将分散的、多层次人群的消费需求聚集起来又快速匹配供给，农产品批发市场数量庞大，囊括种类丰富，能够充分满足区域批发市场、社区农贸市场等各零售终端的需求。但这种以批发市场为主体的流通模式也存在着显而易见的弊端，即多层次批发周转导致流通中间环节庞杂、信息分割，从而加大了生产与消费环节的对接成本，降低了流通效率。

2.2.2 现代农产品流通模式萌芽（2005—2014）

现代农产品流通模式是指更加注重产销衔接、消费者体验以及流通效率的流通模式。以“农超对接”和早期农产品电子商务为代表。

2.2.2.1 农超对接模式

2004年开始，由商务部主导，进行“农超对接”模式试点。“农超对接”的实质是将现代流通方式引入农村，构建市场经济环境下的产销一体化。通过推出“超市+基地”的流通模式，超市可以从种植和生产地直采农产品，也可以与产地共建直供基地，进一步把控农产品品质。以家家悦为例，有三种农超对接模式参与到品控环节，一是紧密对接模式，超市自行免费提供原始种植作物，确定种植品种、数量、面积等，并全程参与基地的管理与监控，待到作物成熟之后，按约定好的价格整体收购；二是半紧密对接模式，该模式与上述模式的区别在于基地有一定的种植技术和种植面积，但缺乏种植标准，管理不规范，超市可以联合当地政府，规范农户种植标准，并形成规模种植，作物成熟后分销到各大超市；三是村委组织合作模式，超市联合村委组织，不仅要为专业化合作社提供技术指导，还要提供后续的生产加工和销售等服务，进行全过程参与和跟踪，保障农产品品质源头可控。此后，超市逐步取代农贸市场成为中国城市生鲜农产品流通和经营的主渠道，突破了传统的零售业态。同时，通过创新农社对接、农校对接、农宅对接等新的农产品流通模式，形成以超市为主导的农产品现代产销一体化流通体系，既能提高农产品流通效率、降低流通成本，又能保障农产品品质，稳定农产品销售渠道和价格，保证农户的自身利益。

2.2.2.2 早期农产品电子商务

早期以零售电商为主的农产品电商模式主要有以下三种。

(1) 平台驱动型现代农产品流通模式

典型的平台代表是阿里巴巴、苏宁易购、京东商城。平台驱动下的农产品流通渠道与模式如图2-6所示。

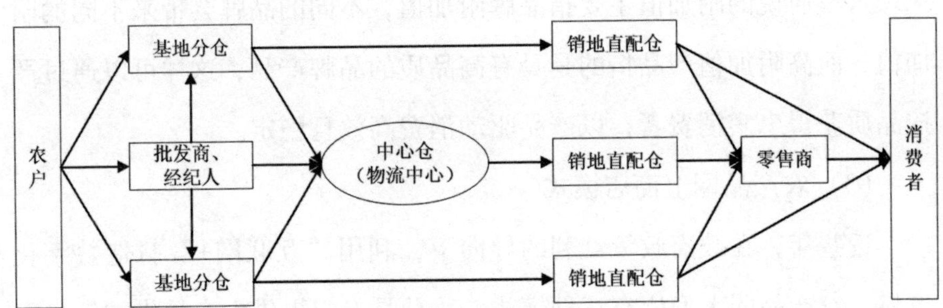

图2-6 平台驱动型现代农产品流通模式

平台经济是依靠互联网、大数据、人工智能等现代信息技术，将分散低效的流通资源集中、便利线上交易、提升流通效率，构建平台产业生态，推动商品生产、流通及配套的销售服务一体化设计，创新经济发展的新业态。从图2-6中可以看出，平台经济模式下的农产品流通渠道呈现扁平的网状结构，互联网平台通过供需信息匹配让产销直接对接，可以在交易目标明确后定向发货，将以往农产品5个以上的流通环节缩短为 3 个甚至 2 个，降低了流通成本和产品损耗。

（2）高附加值产品驱动模式

该模式的典型代表是沱沱工社，其凭借雄厚实力整合了新鲜食品生产、加工、B2C 网络化销售全产业链的各相关环节，依靠自建的有机农场坚守有机、天然、高品质食品，同时制定严格冷链标准通过全流程冷链管控来确保生鲜电商的服务质量，力求通过严控品质获得忠实消费者，以产品驱动消费且稳扎稳打。

随着人们消费习惯的改变，对食品安全性的要求促使订单农业的出现，如黑龙江 8511 农场已经在全国 20 多个省市通过网络直销个人订购有机农产品。此类模式将农产品定位在高附加值产品，降低了单位订单的物流成本亏损风险，但在产品品质与服务上对企业提出了更高的要求。这里所说的附加值主要指品牌附加值，不同的品牌会带来不同的附加值，而高附加值产品指的是具有高品质的品牌产品，这样可以通过严控品质获得忠实消费者，以产品驱动消费高效且稳定。

（3）农产品网上商店模式

近些年，在政府政策红利的导向下，利用“互联网+”打造数字化农村，农产品网上商店有三种模式：一种是专门提供农产品供求信息发布的平台，如多地推出的“一县一店”电商平台，依托电子商务技术将当地的农产品进行网上销售，该平台主要通过三大销售渠道助力农产品外销，分别是平台统一销售、直播带货、平台微商带货等；一种是涉农企业自建的网站如聚农网等；还有一种是个人利用 C2C 网站或者其他互联网载体进行的线上销售，如微店等。

该模式的实质是互联网下沉，改变了农产品传统面对面交易的方式，互联网下沉使得线上网店变成真实的果园、农田，通过物流的传递就成了消费者餐桌上新鲜绿色的食材，网上商店将市场零散的需求集中化、短期的需求稳定化，具有便利性和高效性。此外，该模式虽然采用网上的虚拟商店，但在网上商店里提供了详细的图片和文字介绍，且通过第三方平台的核验保证信息的真实性，使消费者如同身临其境，增强信任，增大可选择空间。同时可以节约成本，给涉农企业和广大农民带来商机。

2.2.3　农产品现代流通模式（2015 年至今）

近年来，随着信息技术的迅猛发展，农产品零售电商逐步向产业电商方向发展，即以供求信息服务和交易撮合为基本服务内容，向整合供应链产品、金融、物流、仓储、加工等资源的上、下游方向演进。农产品产业电子商务平台通过与银行及互联网金融机构合作，基于上、下游客户交易数据、历史履约记录、物流、下游订单、库存等信息，撬动在线交易，带动产业电商订单和物流数据的在线化，构建供应链数字化运行模式，为农产品产业链提供交易、金融、物流、信息流等全方位服务，积极推动供应链上、下游企业的数字化变革。

2.3　目前我国农产品流通的现代化特征

在我国市场经济体制逐步建立、发展的过程中，伴随农产品流通渠道的发展演化及农产品流通模式的优化迭代，农产品现代流通方式逐渐形成。目前来看，已呈现如下现代化特征。

2.3.1 规模化特征

2018 年我国农产品流通总额高达 3.9 万亿元，同比增长了 3.5%，占全国流通总额 283.1 万亿元的 1.38%。2019 年我国人均 GDP 超过 1 万美元后，我国居民消费进入持续升级的发展阶段。2020 年中国农产品电商市场规模达 8000 亿元，预测 2023 年农产品物流规模将达到 4.53 万亿元左右。未来中国农产品流通规模会持续扩大，农产品电商渗透空间会越来越广。

2.3.2 产业化特征

近年来，随着我国农业产业结构的调整升级，农产品结构不断优化，尤其是电商平台的兴起，伴随着人民对美好生活的需求不断提高，人们的消费对象也逐渐发生了变化，更加注重服务式消费、体验式消费，从而具有休闲、办公、居住、商业、配送、交易等多种功能的多产业融合的新型智能化农业产业园区不断涌现，以智能技术为支撑，依托物联网、大数据、5G 等技术手段，助推农业产业信息化，从而实现一、二、三产业融合发展。

2.3.3 社交化特征

2018 年拼多多上市后，生鲜电商社交化趋势明显。随着我国手机上网居民越来越多，移动交易、移动支付、移动管理及其覆盖面越来越大，以拼多多为代表的社交电商成为一种趋势。2018 年、2019 年拼多多农产品电商交易额先后突破 653 亿元、1364 亿元。2020 年已突破 2000 亿元，成为我国最大的农产品电商之一。

2.3.4 融合化特征

农产品流通领域上游企业与下游企业的互动更加频繁，其中在互联网和电子商务的带动下，区域特色农产品的流通速度呈现快速增长，并与社区商超不断融合，增速迅猛。全品类、全渠道、网上与网下、产前产中产后、售前售中售后等多渠道、多维度相互融合发展，是区域特色农产品流通的新趋势。

2.3.5 国际化特征

“一带一路”倡议实施以来，已经具有较大的影响和初步效果，大量的农产品通过网上“走出去”，通过网上“走进来”。2012—2018 年间“一带一路”沿线国家对我国农产品出口额总体来说处于上升状态，年均增长率为 8.6%；在此期间，我国对沿线国家的农产品进口也在增长，年均增长率为 5.6%。由此可见，我国与“一带一路”沿线国家都保持了较好的农产品贸易关系。农产品中欧班列、中欧冷链班列相继开出，“一带一路”效应逐渐显现，农产品电商国际化呈现常态化趋势。

2.3.6 标准化特征

农产品流通的产销对接问题关键是标准化，其既包括生产加工冷链等环节的标准化，也包括流通环节的标准化等。标准化即专业化，随着电商产业的发展与成熟，农产品流通的各环节也呈现出专业化的趋势。通过标准化，云端买家在购买之前就能快速了解商品，增强信任，最终刺激购买，提升消费。

目前农产品电商中标准混乱的问题可以通过制定并执行各类农产品

标准来加以规范，如国家标准、地方标准、行业标准等，具体包括规格大小、农药残留、产地保证等。

2.3.7 绿色化特征

农产品流通产业链的绿色化治理，包括绿色生产、绿色物流、绿色配送、绿色销售、绿色消费、绿色环境等一条龙的绿色化。目前，阿里、京东等数字化平台已经实现了对商户的赋能，而批发市场还处在摊位制粗放管理的阶段。未来批发市场转型升级的关键是通过平台实现流通要素整合，从而真正实现对个体摊位的赋能，促进整个社会的可持续性发展。

2.3.8 特色化特征

当前，各大电商平台都推出的电商扶贫板块成为助推脱贫攻坚的有效手段。一些贫困地区的优质特色农产品，比如来自中国名茶之乡五峰的明前新茶、秭归独有伦晚脐橙、周黑鸭卤鸭脖、北洪湖莲藕、孝感原汁原味的米酒和湖北小龙虾等产品在苏宁易购特色农产品专区板块销量很好，种类丰富。特色农产品电商的发展，极大地促进了传统电商向新电商转型升级，使农村电商上行的错位竞争成为可能。

2.3.9 “网链化”特征

是指产业链、供应链、价值链、区块链将广泛应用于农产品电商，相对于传统流通渠道，B2B 模式借助互联网实现高效链接，能有效打破流通过程中的信息壁垒，消除产销之间的信息不对称，有助于农户、加工企业等构建覆盖全国市场的流通渠道。供应链已经成为中国国家战略，在供应链示范城市、示范企业的引导下，具有特色的农业供应链形成，从而促进中国农业农村现代化的早日实现。

2.3.10　品牌化特征

在打造农产品品牌方面，由于大部分农产品电商经营者难以负担品牌打造与推广的巨额费用，所以国内在建设品牌农产品方面还有很长的路要走。从国外农产品品牌建设的成功案例中我们看到，可以通过制定一些政策制度对品牌发展进行规范，现代农业要形成有影响力的大型品牌才是整个农业产业化成功的一个符号。要结合自己的特点做得更专业、更有个性，形成品牌，才能走得更远。近年来，我国先后开展了农产品品牌促进年、农业质量年等活动，将促进中国农业加快转型升级。

第3章　国外农产品现代流通方式分析

［内容提要］首先，分析国外代表性国家农产品现代流通方式的主要内容；其次，总结国外不同类型农产品流通方式的特点及对我国的启示；最后，分析我国发展农产品现代流通方式的优势与不足。

3.1　国外代表性国家农产品现代流通方式分析

国外各国农产品现代流通方式各具特色，根据其自然资源禀赋及技术发展水平不同，将其分为三类，并进行比较分析。

3.1.1　资源禀赋强且科技发达的国家

选取美国和法国为代表性国家。

3.1.1.1　美国

（1）美国农业生产特点

美国地域广阔，气候复杂，资源丰富，其农产品特点为：①农产品种类丰富；②生产规模化程度高；③生产机械化程度高；④区域专业化程度高。

（2）美国农产品流通组织

美国农产品流通的主要市场主体是各类私营商户，主要包括农产品批发商、农产品代理商、农产品零售商、农产品储运商、农产品加工商、连锁超市以及由农民组成的合作组织等，这些合作组织不同于农民分散经营或家庭农场，经营的规模大，经济实力较强。

（3）美国农产品流通模式

①产销直挂模式

基于流通主体势力大小的不同，产销直挂模式又分为农场主主导和零售商主导两种，如图 3-1 所示。

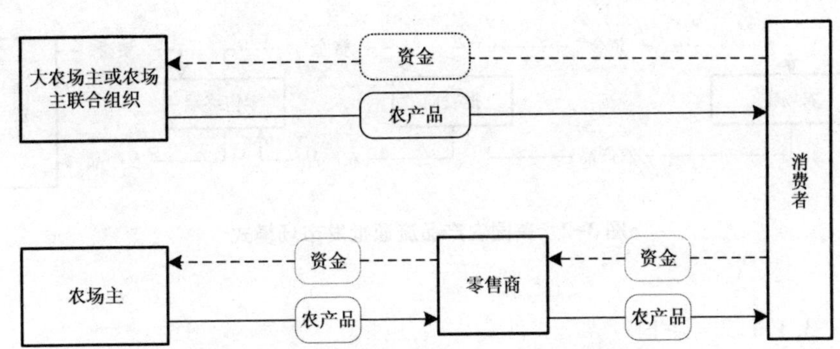

图 3-1 美国农产品流通产销直挂模式

农场主主导的产销直挂模式对应的流通渠道为：大的生产者（农场主联合组织）→消费者。具体流通方式为：美国大农场主或者由农场主联合起来的组织自己寻求需求者，直接为需求者供应农产品。该渠道需要生产者具备强大的规模和实力。

零售商主导的产销直挂模式对应的流通渠道为：生产者→零售商→

消费者。具体流程为：农场主与强大的零售商建立合作关系，零售商运用自己的设备直接去产地采购农产品，或者规模较大的农场主直接对零售商供货，最后农产品由零售商销售给消费者。美国大多数的农产品流通是在大型连锁超市以及食品商店进行的。大部分超市连锁销售商可以自主到原产地采购农产品，而且由于生产规模较大，许多农户也可以直接为销售商供货。

②批发市场模式

在产地批发市场中，生产者与批发商、零售商之间采用“订单交易”的模式，提前确定采购的产量，从而建立交易关系。这种模式的优点是可以有效降低交易成本、规避生产和市场的风险、提升交易效率，如图 3-2 所示。

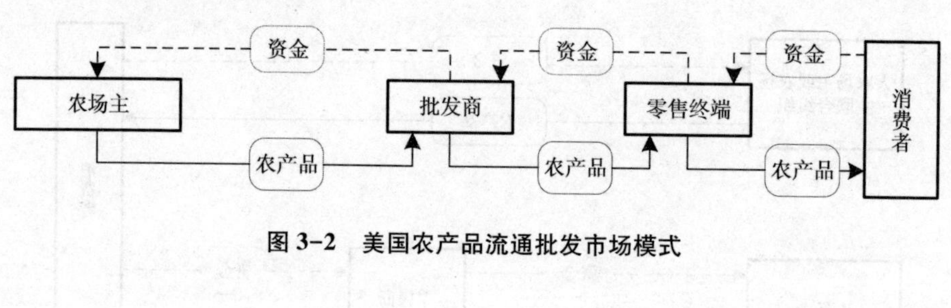

图 3-2　美国农产品流通批发市场模式

3.1.1.2　法国

（1）法国农业生产特点

法国位于欧洲西部，历来以小农经济著称，人均耕地面积小于美国但远大于中国，农产品生产单位以中小型农场和家庭农场为代表。

（2）法国农产品流通组织

法国农产品流通组织包括：生产者、农业合作组织（农业合作社）、拍卖商、批发商、农村超市等。法国生产者的经营规模一般很小，经营形式多为中小型农场、家庭农场和农户。20 世纪 60 年代，为了发展现代化、规模化的农业，法国政府采取了以下措施：抑制超小型农户，鼓励中小型家庭农场发展。因此，法国的经营主体以中小型农场和家庭农场为主，农民比例较小。

法国农业合作组织以起源于欧洲的农业合作社为代表。合作社每年与农民完成一次合同，代理农民办理除生产以外的事情，包括农产品的收购、科技信息的培训等，提高农户的组织化水平，维护和增加农户的收益。拍卖商所在的拍卖市场是法国农产品流通的一个重要渠道，为大部分农产品提供了成交地点。批发商所在大部分批发市场坚持公益性原则，承担的流通力较小。

（3）法国农产品流通模式

法国农产品在批发市场内流通的重要形式是拍卖，流通的中坚力量是合作社。法国农产品流通模式大致可以分为以下两种。

①经由农业合作社的方式

经由农业合作社的渠道即由生产者到农业合作社，再到消费者，该种流通渠道的农业合作社是流通合作社，如图 3-3 所示。

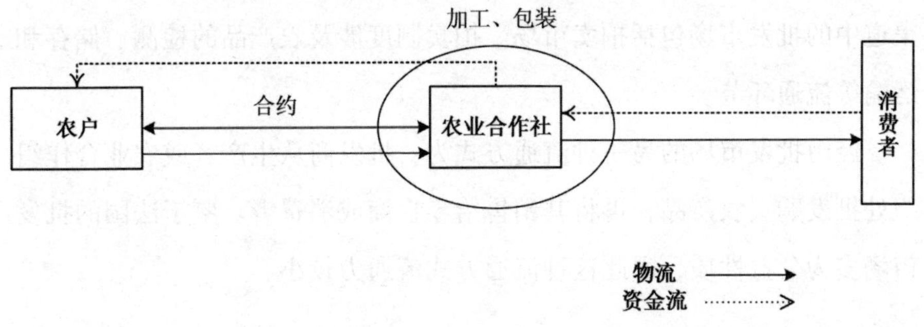

图 3-3　法国经由合作社的农产品流通模式

基于该渠道的流通方式的具体流程为：流通合作社与农户签订合

约，收购农产品，并进行加工和包装，最后销售给消费者。

②经由批发市场的方式

批发市场的渠道，即由农场主到批发市场，再到零售商或者终端消费者，这种流通渠道所占的比例较小，农业合作社也参与了该渠道，如图3-4所示。

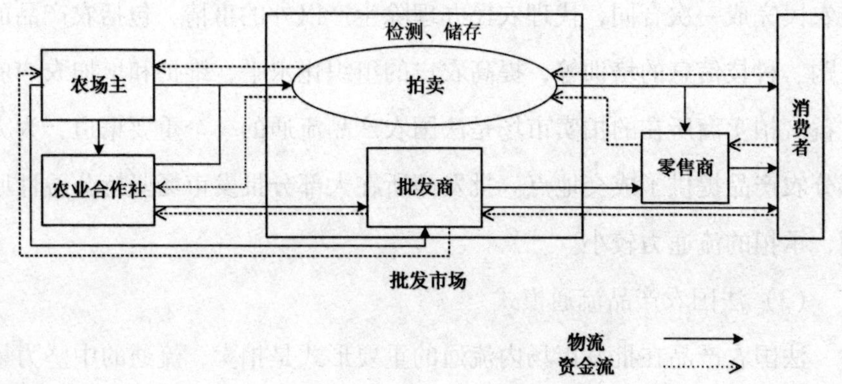

图3-4 法国经由批发市场的农产品流通模式

基于该渠道的流通模式流程为：农场主或者农业合作社在批发市场中申请对农产品进行拍卖，拍卖的中间方对农产品进行检测和储存，在拍卖市场上买方与卖方达成交易，拍卖中间方将农产品运输给买方。该渠道中的批发市场包括拍卖市场。拍卖制度涉及农产品的检测、储存和运输等流通环节。

经由批发市场的另一种流通方式为：批发商从生产者或农业合作组织处批发购买农产品，再将其销售给零售商或消费者。鉴于法国的批发市场多为公益性质，因此这种流通方式流通力较小。

3.1.2 资源禀赋弱但科技较发达的国家

选取日本、荷兰和以色列为代表性国家。

3.1.2.1　日本

(1) 日本农业的主要特点

日本国土面积约为37万平方千米，宜种植农作物的平原较少，且大多零星分布，仅为国土总面积的1/4。日本工业发达，资源贫乏，是典型的人多地少的国家。

(2) 日本农产品流通组织

批发商和农业协同组织是日本主要的农产品流通组织。

日本批发商所在的批发市场分为两种：区域性、全国性的和地方性的。社会公共组织运营区域性、全国性的批发市场，企业或者社会团体运营地方性的批发市场。

日本农业合作组织以分散生产的方式组织农民，缓解了小生产与大市场之间的问题。农民与农业协会签订协议，委托农业协会销售产品，交纳农业协会一定的手续费。

(3) 日本农产品流通模式

日本的农产品流通方式以市场调节为主并进行国家干预。

①以批发市场为主体、以拍卖为主要手段的模式

流通模式以批发市场和拍卖为主要手段。农产品通过批发市场的分销渠道进行分销。其渠道通路为：农民→基层农协仓库→省农协经济联盟中心→批发市场→零售商→消费者，如图3-5所示。

日本农民生产出农产品，委托给基层农协，基层农协对农产品进行挑选、包装、冷藏，然后通过农协系统下设的运输公司将农产品运送到市场。批发市场建设了一些基础设施，可以运输、储存、冷冻和检测农产品。产品在销地中心进行检测，然后卖方通过拍卖或竞标来获得进入批发市场流通的产品，最后零售商把产品销售给消费者。批发市场内的

交易方式以拍卖为主，拍卖承担着大部分新鲜农产品的交易。拍卖流程为：取货→理货→看样→拍卖→发货。日本以批发市场为功能枢纽的流通服务体系，扩大了运输和销售的规模和交易空间，降低了交易成本，提高了流通效率，缓解了日本农业小生产与大市场之间的矛盾。

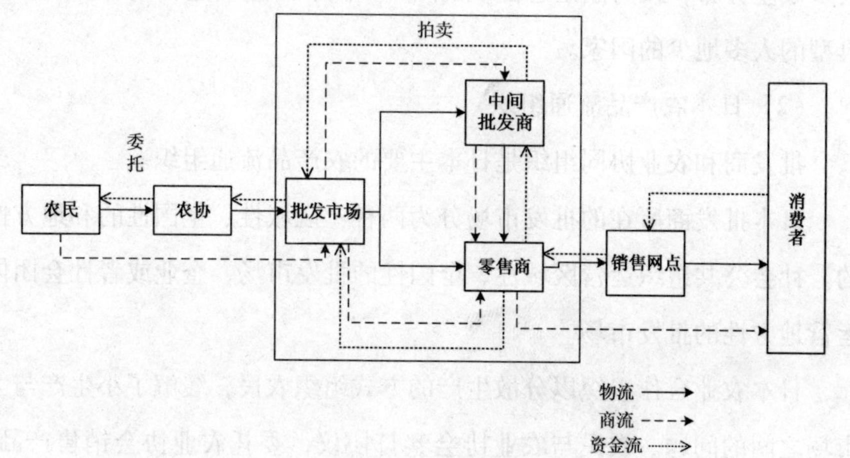

图 3-5 日本以批发市场为主，以拍卖为手段的模式

②直销模式

直销模式是工农商、产供销一体化的结果，其渠道通路为：生产者→第三方运输公司→消费者或生产者→大型连锁店→消费者，如图 3-6 所示。

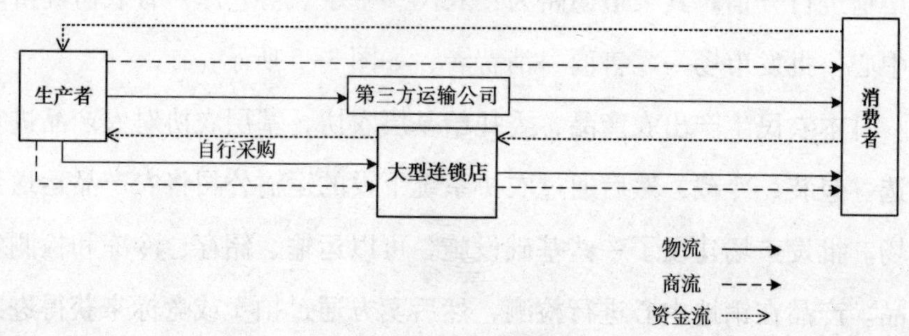

图 3-6 日本直销模式

生产商对农产品进行检验、分类和包装等加工，第三方运输公司将农产品交付给需方。这种流通模式大大降低了流通成本，提高了交易效率。

日本的直销模式分两种：一种是农产品由菜农自发组织或农协组织协调，或农协租用店面销售给终端消费者；另一种是大型连锁超市到产地采购农产品。

日本农产品经由批发市场的流通模式与直销模式相互竞争相互补充，共同形成了日本农产品流通网络体系，不仅解决了小生产与大市场之间的矛盾，使得农产品产销衔接、供需和数量匹配，还满足了不同消费层次的消费需求。

3.1.2.2　荷兰

(1) 荷兰农业的主要特点

荷兰位于欧洲西偏北部，国土光照不够，低洼潮湿，耕地面积狭小，不利于农作物的生长。荷兰农业非常发达，土地利用率位于全球前列，独具特色的农产品流通模式是助推荷兰农业居世界前列的重要因素之一。

(2) 荷兰农产品流通组织

荷兰农产品流通组织主要包括生产者、农业合作组织和农业相关团体、批发商和零售商等。生产者多是大农场主，其以家庭为经营单位，集约化程度和专业化水平普遍较高；通过互助与合作在农业、农业合作组织和农业相关组织（如投资农产品协会和玉米协会）创建一个灵活高效的流通网络和广泛灵活的流通体系，从而提高循环效率。

(3) 荷兰农产品流通模式

根据是否经由批发市场，荷兰的农产品流通模式大致可以分为两种。

①合作社议价，一体化集团内部收购模式

在合作社主导的农产品流通渠道中，不同行业有不同的农业合作组织。蔬菜、水果、花球和谷物等农产品流通是综合集团的内部收购模式。生产商成立合作社，与批发商和零售商议价、签订协议。乳制品、甜菜和小牛肉等产业已经形成了覆盖产业链中下游的大型集团。他们直接从农场购买初级原料，加工成各种产品并出售，如图 3-7 所示。

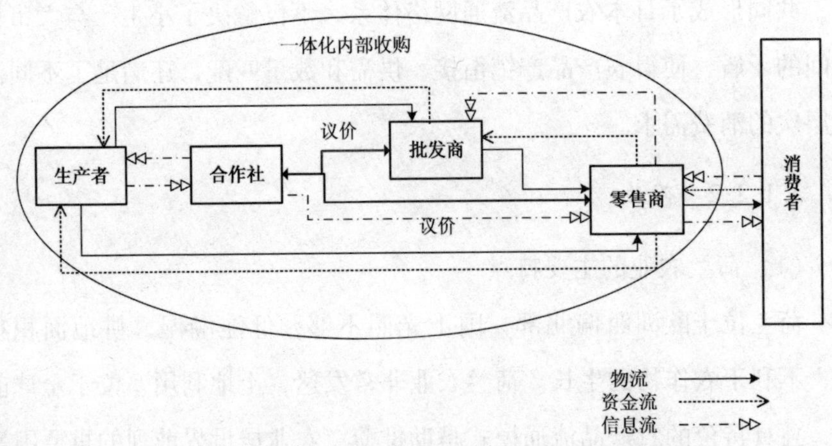

图 3-7　荷兰合作社议价一体化集团内部收购模式

②批发市场内，拍卖交易模式

这种流通模式的具体流程是：农产品从生产者到批发市场，再到购买者。买家包括零售商和终端消费者，如图 3-8 所示。

荷兰农产品批发市场主要采用了拍卖的交易方式。拍卖市场的主体分为拍卖部门和销售中转部门。不同产地的农产品通过分级机器包装和标识信息进行分级，然后被运输到拍卖部，在拍卖部被竞价拍卖后，被运送到销售中转部，由销售中转部配送到购买者手中。拍卖市场最大优点就是交易效率很高，不仅使购买者与生产者直接交易，还使农产品实现了生产标准化。

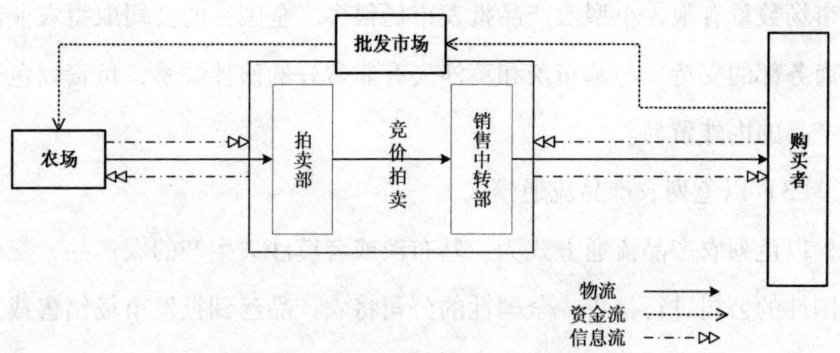

图3-8　荷兰批发市场内拍卖交易模式

3.1.2.3　以色列

(1) 以色列农业的特点

以色列的可耕地很少。三分之二的陆地是沙漠；水资源更加稀缺，是世界上人均水资源最匮乏的地区之一；农业从业人员仅占全国劳动人口的5%，并且还在呈现不断减少的趋势。以色列重视农业的科学发展，重视科技的发展和节水农产品的开发。农产品产值逐步提高，农产品品种不断增加，出口不断增加，所以农业发展水平很高。

(2) 以色列农产品流通组织

以色列的农产品流通组织主要包括生产方、批发商和全国性的公司。

以色列的生产方包括基布茨（Kibbutz）和莫沙夫（Mashav）两种组织形式。基布茨是集体农庄，来源于东欧返乡青年对苏联集体农庄的向往；莫沙夫是一种以家庭为生产单位的合作组织，也是行政村或合作社。

以色列的农业是高度集约化的，包括高度集约化的生产组织、高度集约化的水资源利用和高度集约化的土地利用。以色列的大型农产品批发市场数量有限，小型农产品批发市场很多。全国性的公司取得农业部和商务部的支持，与基布茨和莫沙夫有非常好的伙伴关系，负责以色列农产品的内外贸易。

（3）以色列农产品流通模式

以色列农产品流通方式为：基布茨或者莫沙夫生产的农产品，交由全国性的公司进行销售，全国性的公司将农产品运到批发市场销售或直接卖给最终买家。内销公司承担了国内70%的农产品销售量。以色列虽然农业技术先进，但是农产品流通体系滞后，因此面临着如何建立一个将高质量农产品从产地有效地运输到消费者餐桌的现代化流通体系的难题。

3.1.3 资源禀赋弱且技术发展与我国相近的国家

选取印度为代表性国家。

（1）印度农业的典型特征

农业是印度经济的重要组成部分，农业产出约占国内净产出的2/5，农业人口占全国总人口的2/3以上。印度土地资源丰富，人均耕地面积是中国的两倍；印度水资源丰富，十分有利于农业生产。在印度农业中，个体经济、封建经济和资本主义经济三者同时存在，小农经济处于绝对的优势。印度农业的特点是：农村抵御自然灾害的水平差，对自然气候高度依赖，不同地区的现代技术和设施水平不同，地区间发展不平衡。

（2）印度农产品流通方式

印度农产品流通以市场调节为主并受国家干预。农产品的购销，由国家体制和自由市场体制共同负责。国家控制的粮食，由国营粮食总公司通过粮食公司收购中心、各邦收购中心和合作社收购中心三种收购渠道统一经营。国家购买的粮食既可以来自生产者，也可以来自批发商和食品加工厂。在分销渠道上，食品经营实行国家统一的配给制。州政府按照配给量分配食物，消费者按照标准从核定的食品商店购买配给量。人口超过5万的城镇实施定量配给，目的是控制城镇中粮食价格水平。在政府控制下，城镇粮食价格很低，基层收购机制不健全，因此，经由政府收购的粮食数量不多，仅占市场的1/3左右。最近几年，印度政府通过创建法定市场、助推合作销售、建设储藏设备、调控产品价格，参与农产品购销活动一系列市场改革，在一定程度上推动了农产品流通体系的发展。

印度农产品的批发过程一般分为两个环节：前期收购和后期批发销售。前期的收购又分为分级与收购两个子环节。在印度，大量的小农是通过收购农产品的过程与市场联系起来的。新的收购机构——零售商的加入，为印度市场引入了一种新的质量文化和持续稳定的农产品需求，从而将商业生产和销售环境与印度农业文化相结合。

3.2 国外农产品现代流通方式比较与借鉴

3.2.1 不同类型国家农产品现代流通方式比较分析

尽管世界各国在自然资源禀赋、科学技术水平等方面存在巨大差异，但大多数国家从自身条件出发发展现代农业，形成了各具特色的现代农产品流通方式。

3.2.1.1 资源禀赋强且科技发达的国家

美国和法国农产品资源丰富，且科技发达，是发展现代农业的典型代表。其中，美国依靠大生产和发达的零售商重点发展了产销对接模式。美国农产品流通方式特点可归纳为：①流通渠道短；②流通方式机械化水平高；③农产品流通基础设施完善；④农产品市场信息准确及时；⑤配套服务组织完整；⑥农产品期货市场发达；⑦农业协会众多。

与美国相比，法国更加重视发展现代农产品交易方式与组织形式。例如，拍卖是法国批发市场中农产品交易的一种重要形式，农业合作社在法国农产品流通中也起着重要作用。法国农业技术向机械化、高效率、智能化方向发展，使法国农业现代化水平居世界领先地位。法国的资源和技术水平在美国和日本之间，农产品流通模式实现了资本与劳动兼顾。

综合来看，美国和法国农产品流通方式有很多类似的特点，归纳如图 3-9 所示。

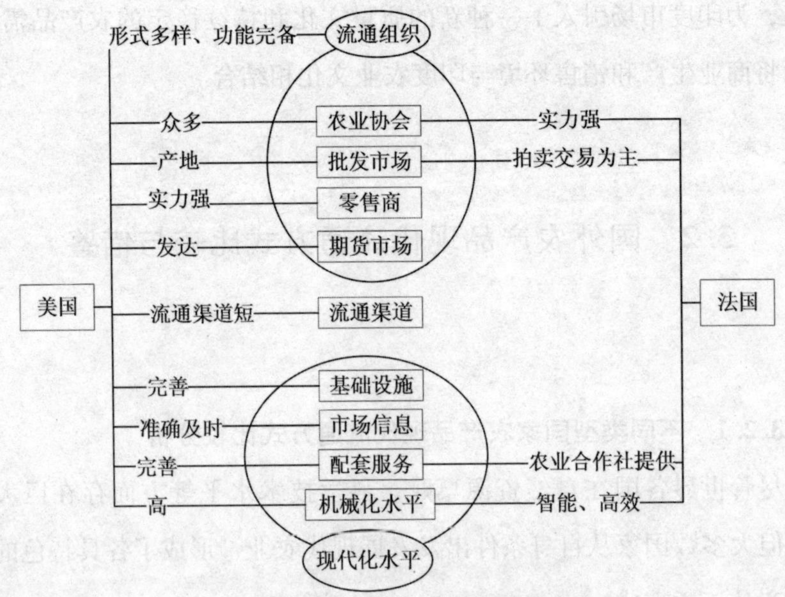

图 3-9 美国与法国农产品流通方式的特点

3.2.1.2 资源禀赋弱但科技较发达的国家

与美国和法国的大规模现代农业不同，日本、荷兰和以色列的资源禀赋相对较弱，但结合自身条件，依靠现代科技，仍然发展了自己独特的现代农业。其中，日本以发达的农业合作组织解决了小生产大市场的问题。与美国不同，由于小农生产的特点，日本的批发市场大多是销售市场。小农经济、农会和批发市场的参与，使日本农产品流通渠道长期存在。农产品要经过两个或两个以上层级的流通环节才能从产地运输到最终消费者手中。日本农产品流通环节多，流通过程长，交易成本高。荷兰国土面积小，因而其农产品现代流通方式具有以下特点：①温室农业现代化；②农业合作社在农产品流通中发挥着重要作用；③农产品批发市场大部分运用拍卖方式进行交易；④一站式的农业服务；⑤建立健全农产品标准化体系。以色列依靠发达的科技，在农业领域应用大量先进技术，摆脱了自然资源对农业发展的限制，如发达的遍及全国的精准滴灌系统，发展适宜当地种植的多种农产品，发展服务于农业的教育以及鼓励农业创新创业等。正是这些造就了以色列与国土面积不完全匹配的农业发展水平，也造就了以色列70%的科技对农业增长贡献率。农业生产高度集约化和科技化，让以色列农业科技保持着世界领先的地位，但是其农业流通环节却长期滞后。

综合来看，日本、荷兰、以色列农产品流通方式的特点归纳如图3-10所示。

3.2.1.3 资源禀赋及科技水平与我国相近的国家

印度与中国资源禀赋相似，但受供应链长、碎片化、涉农利益相关者收入分配不公平、标准化程度低、配套设施缺乏、产品质量保证困

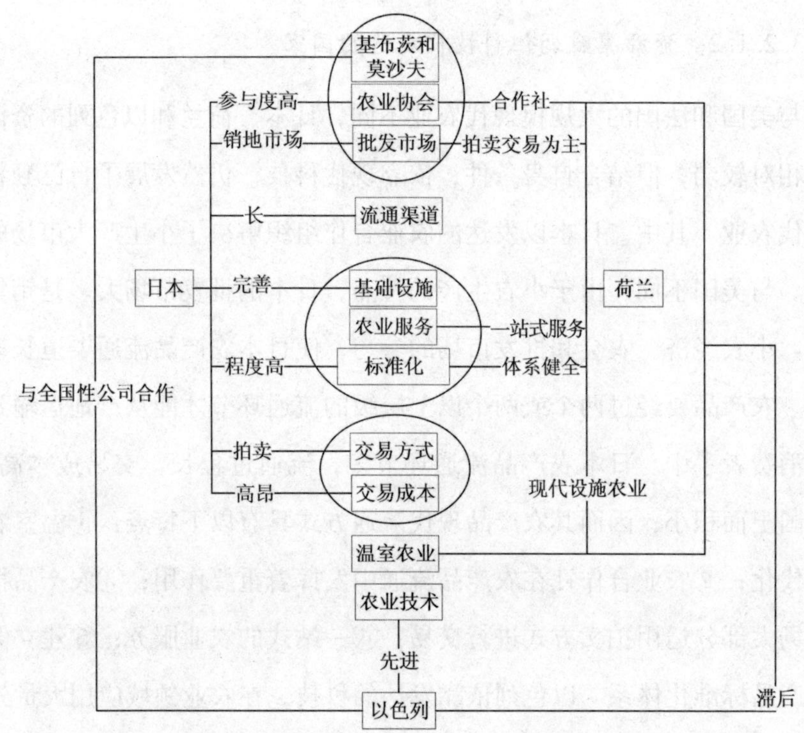

图 3-10　日本、荷兰与以色列农产品流通方式的特点

难、市场信息流通不济、浪费大、效率低等问题的困扰，农业现代化水平滞后，如图 3-11 所示。

在批发市场中，印度存在的主要问题有：第一，农业标准化市场分布不均衡。第二，拍卖市场缺乏配套设备。只有 1/5 的拍卖平台拥有普通干燥设备，不到 1/10 的拍卖平台拥有冷藏设备，不到 1/3 的拍卖平台拥有分级设施。第三，市场监管体系的垄断明显，在一定程度上使市场成本和营销成本提高，流通主体遭受损失，农产品市场价格较高。第四，因为市场信息网络系统并不完美，农民不能准确、及时获得市场价格信息，大部分农产品的销售收入农民在流通环节只能得到其中一小部分，这种情况对于生鲜农产品流通更为严重。

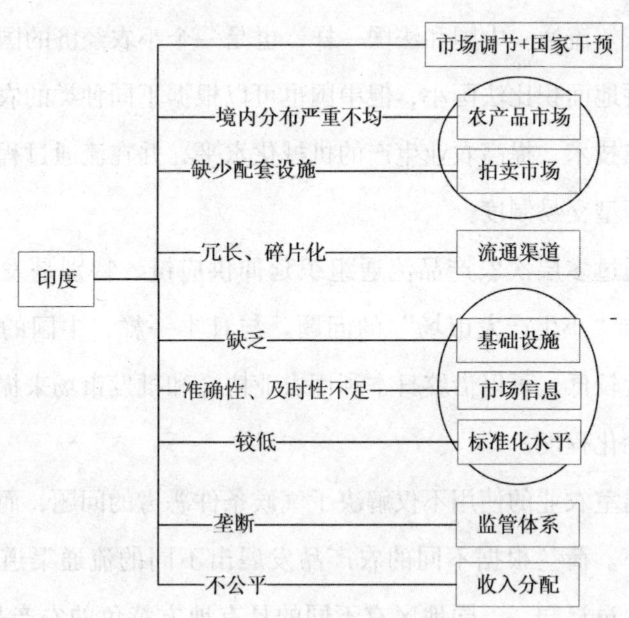

图 3-11 印度农产品流通方式的特点

3.2.2 国外农产品现代流通方式对我国的借鉴

辽阔的土地、先进的生产技术、广泛的运输网络、准确及时的市场信息和强大的零售组织使美国形成了规模化、专业化的农业生产，农产品从生产者到消费者的零售渠道非常短，农产品流通效率非常高。与美国相比，中国缺乏人均土地资源，无法形成大规模的耕地。而通过完善运输网络、完善流通技术、发布市场信息，可以缩短流通链、提高流通效率。

法国的农业资源介于中美之间，属于小农经济。在农业生产过程中，法国高度重视区域化和专业化，善于将现代生产技术应用于特定农产品，加大机械化投入，加快机械化升级，提高生产效率。法国的现代农业流通体系得益于农业合作社和拍卖市场。拍卖制度确保了法国农产品的快速高效流通。中国和法国一样，也是一个小农经济的国家。虽然中国人均耕地面积比法国小，但中国也可以根据不同种类的农产品，引进现代生产技术，提高农业生产的机械化水平，并在流通过程中大力引进拍卖等新型交易制度。

日本通过多层次农产品流通组织延伸供应链，特别是发展批发市场，解决了“小生产大市场”的问题。与日本一样，中国的农业生产规模化程度较低，可以借鉴日本利用农业协会和批发市场来提高农产品流通的集约化程度。

荷兰温室农业的使用不仅解决了气候条件恶劣的问题，而且提高了土地利用率。荷兰根据不同的农产品发展出不同的流通渠道和流通模式。中国幅员辽阔，不同地区有不同的具有地方特色的农产品。因此，中国可以借鉴荷兰的做法，根据当地的气候特点和农产品特点，发展因地制宜的种植和流通模式。

以色列虽然资源匮乏，但非常注重农业技术的发展、节水农产品的种植和农业的科学发展。因此，农业发展水平很高。科学技术是第一生产力，无论是在生产还是在流通中，农业现代化都需要科学技术的支持。

此外，农产品流通体系和零售体系对小微农户需求和农业标准化程度重视不足，是中印等发展中国家农业发展长期面临的问题。印度同中国一样都是发展中国家，农产品流通以市场调节为主并受国家干预。现代技术运用较少导致印度农业很大程度上依赖自然气候，对自然灾害不能充分应对。印度农产品供应链冗长、碎片化，利益主体收入分配不公平，市场监管体系具有垄断性特征，尤其是印度农业技术水平不高、配套设备缺失导致流通效率较低。

3.3　我国发展农产品现代流通方式的优势与不足

3.3.1　主要优势

目前，我国农产品流通正处于由传统方式向现代方式转型升级的关键时期。我国发展农产品现代流通方式具有以下优势。

3.3.1.1　农产品资源丰富

中国历来是一个幅员辽阔、资源丰富的农业大国。各种自然气候和地理环境造就了各种各样的农产品。农产品品种丰富，充满地方特色，是不可替代的，这为特色农产品带来了自然优势，增加了附加值，扩大了销售面积。

3.3.1.2　农产品流通组织具有多样性

目前，中国拥有多种农产品流通组织，包括农业合作社、批发商、零售商、大型加工企业和 B2B 电子商务平台。其中，批发商有很多种类型，分为产地批发商、销售地批发商和中转站批发商；零售商也有多种形式，包括水果店、小型超市、大卖场、连锁店和社区生鲜店等，比如社区生鲜店，最近几年由于阿里、苏宁、美团等线上平台的加入和不少超市的转型入局，发展迅速，遍地开花。2018 年，中国农产品市场交易额达到 1.91 万亿元，在消费升级和新零售趋势的背景下，农产品市场将继续增长。新型零售商电子商务等平台发展迅速。在发展现代农产品流通模式的过程中，多元化的农产品流通组织有助于建立完善、成熟的流通体系。

3.3.1.3 农产品流通方式多种形式并存

中国的流通方式既包括传统的批发市场模式，又包括新兴的产销直挂模式，多种流通方式并存且兼容。在农产品流通方式现代化的过程中，需要农产品流通方式进行现代化升级，而中国现有的多种流通方式既能够支撑现代化农产品流通方式的转化，又能够保证在现代化未涉及的区域农产品以传统的方式正常流通。多种流通方式并存且兼容的现状可以使中国农产品的流通方式从传统方式向现代化的方式平稳过渡。

3.3.1.4 农业政策支持力度较强

农产品流通产业属于政策导向型产业，国家政策对其发展起着至关重要的作用。近年来，国家出台了一系列支持农业生产、批发市场建设、涉农企业发展的税收优惠政策。在政府的大力支持下，中国农业近年来发展迅速，农业产业化、现代化程度明显提高。物流和信息流的快速发展为提高农业一体化程度提供了有利条件。数据显示，2013 年中国农产品产业市场规模为 96995.3 亿元，2018 年增长至 113579.5 亿元。目前，农产品流通的政策主要是支持农产品生产和流通市场的发展。政策的实施将有效提高农产品流通效率，增强农产品产业基础设施的硬实力。

3.3.1.5 农产品流通技术发展迅猛

近年来，我国农产品流通技术发展迅速，主要表现为冷链物流技术和电子商务技术的快速发展。2019 年，全国冷库总量超过 6052.5 万吨（折合 1.51 亿立方米），新增库容 814.5 万吨，同比增长 15.55%；与此同时，电子商务行业也在迅速发展，这不仅丰富了产品营销方式和策略，改变了传统的商业模式，也为农业经济的发展提供了良好的条件。

3.3.2 尚存不足

但同时也要看到，我国发展农产品现代化流通方式的不足有：

3.3.2.1 农业生产规模化、机械化程度尚低

农产品生产规模化的提升有利于提升生产效率，有利于发展机械化和专业化种植。农业生产规模化程度最高的是美国，广袤的种植面积使美国基本实现以机械代替人工和专业化的区域生产方式。中国地少人多，人均耕地面积小且分散，很难开展规模化种植和机械化生产。在生产方面，我国施行的是家庭联产承包责任制，农户分散经营、规模化程度低，因而生产效率较低。由于分散生产经营、组织化程度不高，学习并运用农业技术的成本就相对较高，因而中国农户抵御市场风险的能力就比较弱。

3.3.2.2 流通主体组织化程度较低

农产品流通主体是流通环节的主要参与者，其规模、组织结构和发展都会对农产品流通效率和供应链效益产生重大影响。与美国相比，中国的零售组织规模相对较小，很少有连锁超市能够在原产地自发组织物流系统进行采购，大多数连锁超市依靠第三方物流系统或卖家组织物流配送，这在一定程度上延伸了农产品的流通链，降低了流通效率。在美国、法国、荷兰、日本和以色列，农业协会在农产品流通中扮演了重要角色，积极参与农产品的加工、储存、运输和销售。然而，我国农民协会大多只是一个组织，没有发挥重要作用。美国的期货市场、法国的拍卖市场和荷兰的拍卖市场都是各自国家农产品现代流通的重要组织。中

国农产品期货市场和拍卖市场还在发展阶段。

3.3.2.3 现代化流通方式还不是主流

近年来，我国出现了新的农产品流通模式。依托电子商务的“互联网+农产品流通”，解除了各地农产品的地域和时间限制，带来了新的农产品流通模式，为农民致富增收创造了机会。一方面，消费者可以通过电子商务购买到全国各地的特色农产品；另一方面，生产者可以通过电子商务扩大受众，使全国各地的消费者成为他们的客户。现代化的流通模式不仅可以使消费者购买到价格低廉、品质优良的特色农产品，还可以使农民增加销售收入。然而，现代流通模式的发展还需要满足许多条件，目前传统的农产品流通模式还不能被完全取代。

3.3.2.4 农产品现代化流通设施缺乏

农产品现代流通模式离不开现代基础设施，包括运输、仓储和装卸设备。总的来说，无论是在产业支持还是在交通网络方面，中国农业配送基础设施远远落后于美国。近年来，国内冷链运输得到了很大的发展，但由于缺乏标准化，农产品在流通过程中的损失仍高于日本。此外，中国的冷链主要由企业建立，农产品公共流通设施和服务网络尚未形成。

3.3.2.5 信息网络体系有待完善

我国农产品市场信息网络不足。反映农产品供应情况、农产品购买情况、农产品市场和行业信息等信息网站更新缓慢，信息发布不及时和品类不够丰富，无法及时、快速、准确地反映市场情况。特别是对于小农户来说，依靠现有网站了解市场情况的可操作性较低。荷兰拥有发达的信息服务体系，拍卖交易模式在批发市场中占有重要地位。然而，我国尚未完成农业信息服务体系的建设，农产品流通和交易的各种服务功能缺乏，农民的生产积极性没有得到充分调动。

3.3.2.6 农产品标准化机制有待进一步完善

目前，我国大多数农民仍以传统方式进行农业生产，所生产的农产品无法满足现代采购标准。因此，我国农产品标准化程度普遍偏低，主要表现在以下方面。

首先，标准化意识差。由于缺乏标准化意识，农民生产的农产品质量参差不齐。不仅产品质量差异很大，而且在卫生、包装、加工等方面也存在差异，导致难以统一收购。

其次，标准的制定与实施过程相分离。由于制定的产品标准与市场状况和流通状况没有密切关系，缺乏实施的客观条件，如配套的生产技术等，导致许多地方标准制定后没有得到推广和实施，重标准制定轻实施现象严重。

最后，农产品标准化监测系统不完善。一些地区的检查、监测机构并不完美，缺乏先进的检测技术和检测设备，对农产品施肥、用药等检测不及时、不准确，导致农民不能生产标准化的农产品。

第4章 区域特色农产品现代流通方式与机制建构

［内容提要］重点分析区域特色农产品现代流通方式与机制建构的内容与方法。首先，明晰区域特色农产品现代流通方式与机制的内涵；其次，提出建构区域特色农产品现代供应链流通新方式的总体思路，并对其供应链特征进行分析；再次，提出建构区域特色农产品现代流通方式机制体系框架；最后，分析建立产业电商平台的实践探索案例。

4.1 区域特色农产品现代流通方式与机制内涵

区域特色农产品现代流通方式是指利用现代信息技术、大数据与区块链等技术开发新型产业电子商务平台，有效整合区域范围内特色农产品生产、贸易、需求各环节中的商流、物流、资金流与信息流等流通要素与服务，而形成区域特色农产品全产业链数字化流通渠道与流通模式，并通过流通模式、流通机制创新形成产业要素集聚、产业电商云集、服务体系完善、竞争合作共赢的新型方式。其以区域特色农产品现代流通机制为联结和保障。

区域特色农产品现代流通机制是指农产品产业生态链各参与主体以及传统农产品流通要素在新的技术条件下通过流通主体组织创新、交易方式创新、金融方式创新、物流方式创新、信息共享与风险控制方式创新以及供应链一体化创新等所形成的新型流通主体及流通要素的联结方式及结合形式。

4.2　建构区域特色农产品现代供应链流通新方式

4.2.1　建构总体思路

通过开发区域特色农产品产业电子商务平台，在供应链上游，建立与农户相联结的生产经营模式；在供应链中游，建立区域特色农产品电子现货交易专区；在供应链下游，建立与用户相联系的线上线下相结合的精益销售模式，从而建构特色农产品从生产供应到贸易服务再到需求对接的现代供应链流通新方式。其建构总体思路如图 4-1 所示。

4.2.1.1　开发区域特色农产品产业电商平台

依托现代信息技术、大数据与区块链技术，开发区域特色农产品产业电商平台，负责对区域范围内优质特色农产品的供应、需求、配送等信息进行交换、共享，并对区域特色大宗农产品，实现产品的挂牌、预售、竞买、集采等交易，使线上商户享有供应链全程服务体系，构建新型生态电子现货交易体系。该平台具有以下功能。

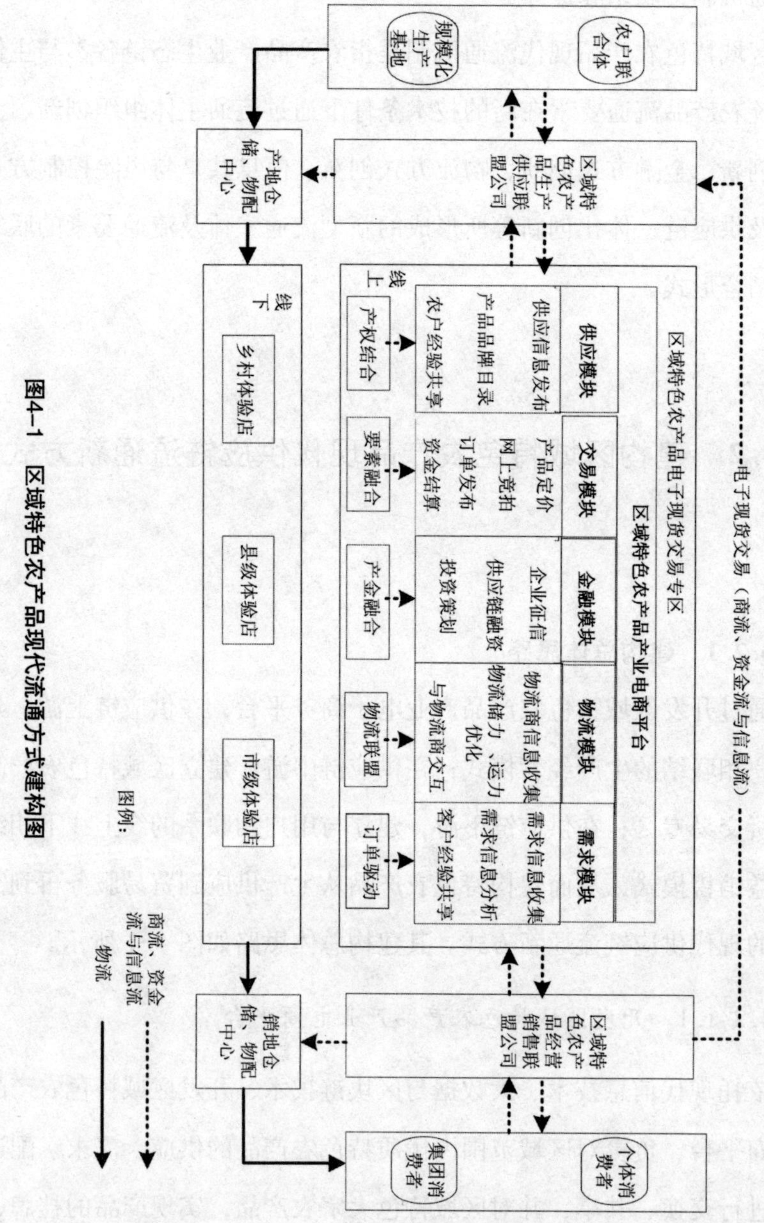

图4-1 区域特色农产品现代流通方式建构图

（1）市场服务定位功能

电子现货交易与服务集成平台通过先进的技术系统、配套服务以及完善的制度规则，根据“个性化合约、一对一议价、成交后钱货两清”的交易原则，为买卖双方提供一个购销平台，在该平台上买卖双方可以自主发布商品购销申请或响应已发布的购销申请，选择并接受某一挂牌商品的价格、数量等要素约定，达成并确认现货购销合同生效，并根据合同约定，卖方向买方转移商品的所有权，买方向卖方支付货款。通过电子平台的撮合交易，为区域特色农产品的生产端提供销售、定价、回款、结算、客户挖掘等服务；为贸易商提供结算、找品种、融资等服务，助推实体产业的智能化升级和规范化发展。

（2）资金结算与融资功能

电子现货交易与服务集成平台以品种作为划分标准，与当地银行合作开发出连接当地银行与交易平台的结算系统，在当地银行系统中建立一个资金池，买卖双方发生交易时，资金通过该系统进行划转，交易平台在买卖双方交易过程中承担资金结算的功能。在供应链融资过程中，平台按照卖方、买方和资方的指令进行资金冻结及划转，在真实贸易背景下开展贸易合作。

（3）产品质量追溯功能

对于交易的农产品，一是建立农产品质量、品种和规格等标准，用标准仓单进行交易，以保证货源的可追溯；二是在协议中规定卖方、买方的违约责任，如卖方未按约定履行供货义务，或交付的货物不符合约定质量标准的，视为卖方违约，卖方应向买方承担商品购销合同项下的全部退款责任，并向买方赔付合同约定的履约预付货款。

（4）仓储、物流与配送一体化功能

线上的农产品交易商授权第三方仓库或自建仓储服务，打造适合交易模式及标准的仓储服务，通过生成标准仓单，带动交易中心金融融资服务。

4.2.1.2 在供应链上游，建立与农户相联结的生产供应模式

在供应链上游靠近生产端，建立以农户（农户联合体）为主体、以产品经理为代表的特色农产品生产经营模式。

首先，在该模式下，分散经营的农户可以形成农户联合体，农户联合体按照现代企业制度组建生产经营联盟，联盟的构成成员可以是地方性的农业合作社或者政府农业部门的参与者成立的组织，以农户集体投资特色农产品的生产为主，并且以地方性的合作社等部门为辅助。其中涉及各个利益分配比例等事宜由农户联盟起草，然后由农户成员集体共同决定。农产品收购时，既可以选择联盟组织与农户生产者协商收购的方式，也可以选择按照协议规定的价格收购。

其次，从这个组织中选出产品/客户经理，其主要承担生产端的产品信息收集和农业生产指导工作，同时通过电子现货交易与服务集成平台录入、跟踪与集中处理（如信息发布、产品品牌推广），以及产品交易（如产品定价、订单接受与处理、协调物流、跟踪客户需求信息）等一系列业务环节，以保障交易顺利进行。

最后，该联盟公司既作为生产主体，也作为经营主体，通过农产品电子现货交易平台参与农产品交易与销售活动，进行客户开发和产品推介，共享供应链平台交易服务、物流服务、金融服务与信息服务。

4.2.1.3 在供应链中游，建设区域特色农产品交易专区

依托我国各地区丰富的农业特色资源，以区域特色农产品的生产、

流通为对象，建设区域特色农产品交易专区，该交易专区主要运营模式包括：

（1）政府主导全国资型

由当地政府主导，通过城市建设投资公司组建现代商贸流通企业，产权结构为全国资型企业，通过公司化运营进而实现整合当地资源，按政府规划发展。该模式的优势是具有统筹资源、管理方便、能够集中优势资源开展工作的特点；该模式的不足是全国资背景平台突出服务性质、具有公益性企业特征、交易中心在运营过程中盈利水平不足等。

（2）政府主导企业参与型

由政府主导，当地实体企业参与，政府作为大股东参与控股，具有绝对话语权。该模式的优势是通过政府主导，参与组建的企业在今后经营上将获得更多的政策支持，能协助企业做大做强；不足是由于参与企业由一家或多家企业组成，没有绝对话语权，容易造成经营理念、经营方向不统一，企业参与意愿不强。

（3）企业主导政府参股型

由当地一家企业主导控股经营，政府以城市建设投资公司身份参与，参股比例在10%左右。通过市场化运营，政府辅以资源协调，条件成熟后由企业回购政府股份，实现市场化运行。其优势：按照市场化运营，政府参股但不参与经营，只在公司规划、发展方向做相应指导，完全发挥企业经营优势和政府监督优势。

4.2.1.4 在供应链下游，建立与消费者相联系的线上线下相结合的精益销售模式

在供应链下游靠近消费端，建立以订单为驱动、以城乡网络实体店为体验的精益销售模式。农产品经销商通过各区域内的销售网点，收集

消费者信息，并通过电子现货交易将消费者的信息传递到生产端，为实现订单农业奠定基础，提升传统产业链的运行效率，提升区域产品品牌价值，构建特色农产品产业贸易商综合集群，打造地区特色资源产业和产品的影响力，最终形成以订单为驱动，以农产品电子现货交易为核心，对接高效的仓储、物流配送服务直达消费者的供应链一体化流通体系。

4.2.2 区域特色农产品现代流通方式供应链特征分析

区域特色农产品现代流通方式既是对传统农产品流通方式的扬弃，又是对传统农产品流通方式的革新与突破。与传统农产品流通从生产端出发，经过若干流通环节后到达消费者手中的供应链不同，区域特色农产品现代流通方式所形成的供应链是一条从消费者需求出发，依托特色农产品产业电商与服务集成平台，通过对供应链相关流通要素进行整合，并通过流通机制与服务创新而创造新的流通价值所形成的价值增值产业闭环生态链。其具有以下特征：

4.2.2.1 流通主体具有独立法人资格，既是市场经营主体，也是价值创造主体和市场创新主体

参与产业生态同盟链的组织或是已经具备市场经营主体资格，或是经过产权重构或重组后，形成了真正意义上的市场经营主体，由此保证该链条上的所有组织，以平等的身份参与市场竞争、遵守市场规则、接受市场监督。通过设定市场竞争机制、内部绩效考核机制以及市场竞争规则等，引导市场经营主体成为真正意义上的价值创造主体和不断适应市场需求的创新主体。

4.2.2.2　流通方式以农产品电子现货交易为主

通过开发区域特色农产品产业电商平台及搭建交易专区，使竞买、挂牌、预售、新预售、集采等新型农产品电子现货交易模式或组合模式得以应用。伴随交易模式的改变，传统流通要素商流、物流、资金流、信息流与消费流等通过现代化信息平台的重新整合，产生了新的、更好地满足消费者的产品与服务体验（比如快速、安全、品牌、特色、优质、优价等），从而产生新的产品附加价值。因而这是一条贯穿产品生产、供应与消费始终的产品价值增值链。

4.2.2.3　供应链参与主体融资需求有保障

由于区块链技术的发展，供应链各相关主体间通过市场交易行为而产生的信用传递、信用背书等具有安全可靠性。结合信用评估机制设计相关金融产品，将有效解决供应链上各相关主体，特别是中小企业的融资难问题。因而这也是一条产业和金融深度融合的资金链。

4.2.2.4　供应链参与主体可享受高效的物流服务

电子现货交易与服务集成平台对接云仓储及物流配送服务，将最大效率地利用社会资源，形成高效的物流服务体系。构建云仓储模式，可以帮助商家通过预测消费者的需求分布特征，确定出最佳仓库规模，并进行合理的库存决策，从而有效降低物流成本；基于物流联盟搭建的物流服务集成平台可为商家提供迅速、快捷、经济的仓储、物流、配送一条龙服务。在这一模式下，快件可直接由仓储到同城快递物流公司的公共分拨点实现就近配送。这极大地减少了流通时间。因而这还是一条显著节约物流成本、提高社会物流效率的现代化物流服务链。

4.2.2.5 以消费者需求为中心是该供应链的显著特点

新型区域特色农产品现代流通方式所形成的特色农产品产业生态同盟链是从消费者需求出发，以订单为驱动，通过信息系统将消费者对产品的需求信息传递给供应链上、中、下游各相关主体，各相关主体诸如生产供应商、经销商、物流商、金融服务商等协同完成整个供应链产品及相关产业的生产、加工、仓储、物流、配送等过程。因而这是一条真正意义上从消费者需求出发（以终为始），最终又回到消费者需求的闭环产业生态链。

4.2.2.6 供应链具有信息共享、风险可控的特点

大数据、区块链技术的成熟与应用使得区域特色农产品供应链上各相关参与主体能够真正形成以真实交易为主导的信息共享、价值共创、信用传递、竞争有序的产业生态发展体系。

4.3 构建区域特色农产品现代流通新方式机制体系

流通机制是有效链接区域特色农产品现代流通产业生态闭环链中的各类主体，真正实现价值创造与合作共赢的内在驱动力。区域特色农产品现代流通方式机制体系包括产权明晰的供应链流通组织机制、要素融合的供应链流通交易机制、产融结合的供应链流通融资机制、基于物流联盟的供应链仓储与物流配送机制、基于区块链的供应链流通信息共享与风险控制机制、基于订单驱动的供应链流通一体化机制。其体系框架如图 4-2 所示。

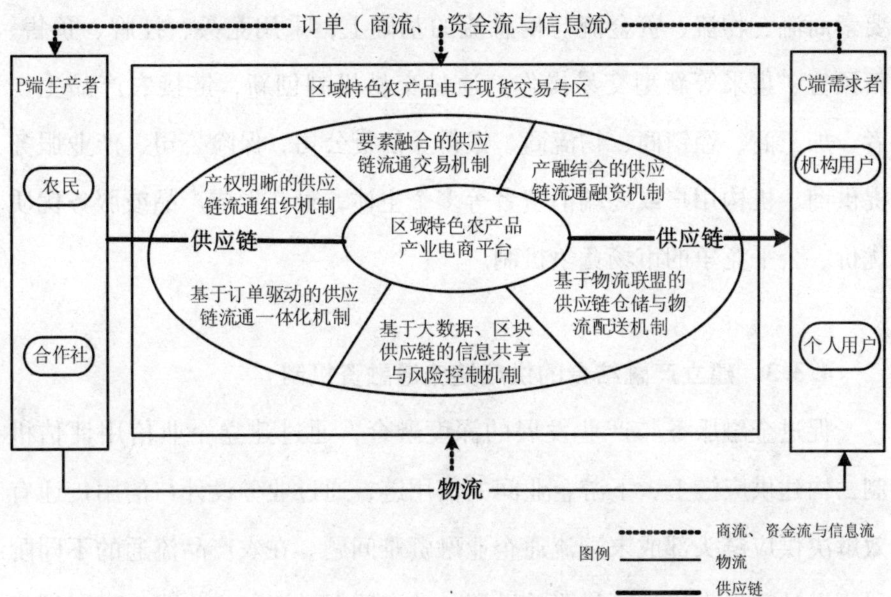

图4-2　基于供应链的区域特色农产品现代流通机制体系框架图

4.3.1　建立产权明晰的供应链流通组织机制

对于传统的流通主体组织形式，引入公司战略管理、股权结构设计、股权激励等方法，按照现代企业制度与组织形式进行改造。比如将原本在农产品销售中处于劣势地位的农业生产者纳入现代化企业经营实体，在区域特色农产品电子现货交易中心进行挂牌、预售等，并约定按照事先确定的比例分配销售收入，从而保证农业生产主体在产品销售过程中，不仅能够掌握产品定价的主动权，还农民议价权；还能保证农民利益，使农户或农户联合体共享优质农产品的优质回报，实现真正意义上的增产增收。

4.3.2　建立要素融合的供应链流通交易机制

依托区域特色农产品电子现货交易与服务平台，在整合供应链流通要素商流、物流、资金流与信息流的基础上，采用竞买、挂牌、预售、新预售、集采等新型交易操作；通过交易机制创新，链接农产品生产者、加工商、经销商、物流商、银行及信贷公司、保险公司、产业服务提供商、机构用户或终端消费者等多个主体，最终形成产品或服务优质优价、公平竞争的市场竞争机制。

4.3.3 建立产融结合的供应链流通融资机制

促进金融服务与产业发展的深度融合，通过建立企业信用评估机制，构建供应链上、下游企业间的信用链，通过业务设计与信用传递有效解决供应链头部或末端流通企业融资难问题。在农产品流通的不同阶段，设计和提供诸如预付账款融资、动产质押融资、应收账款融资等不同种类的金融服务。

4.3.4 建立基于物流联盟的供应链流通仓储与物流配送机制

围绕上市挂牌品种，基于物流联盟理论，依托云技术，在全国各区域中心建立分仓，由公司总部建立一体化的信息系统，用信息系统将全国各分拣中心联网，分仓为云，信息系统为服务器，实现配送网络的快速反应。

4.3.5 建立基于大数据、区块供应链的信息共享与风险控制机制

依托大数据，实现供应链主体间信息流动与共享；并通过引入区块链技术，构建能够衔接农产品生产、运输、消费等相关方在区块链账本上共同记录票据信息和交易信息的农产品供应链数据管理系统，最终形成以订单（产品需求）为驱动、流通信息畅通、风险共担、利益共享

的农产品流通闭环产业生态链。该流通产业链不仅具有优质、高效、全产业链可追溯等特点，还具有价值创造和创新发展的内驱力。

4.3.6　建立基于订单驱动的供应链流通一体化机制

依托区域特色农产品产业电子商务平台，机构或个人用户根据平台所提供的供货信息和自身需求偏好下订单，供货商或生产商根据订单信息，启动电子现货交易的不同模式。在此过程中，该模式提供市场、质检、仓储、物流、融资、信息等全产业链市场服务内容，从而形成产需衔接、融合共生的新型生产、供应、贸易、服务、流通与消费一体化的现代流通机制。

4.4　区域特色农产品产业电商平台开发的实践探索

天津渤海商品交易所股份有限公司（BOCE）是天津市政府发起并于 2009 年挂牌成立的。2014 年渤商所本着“服务实体经济”的宗旨逐步转型，以创新的产业电商理论为指导，通过科学定制设计、输出现代现货购销制度模式，打破传统供需矛盾和产业冗余链条，实现供需两端直连直通，以自主创新的现货理论与方法为基础，以四大服务体系为支撑，立足服务实体经济中的生产者、经营者、消费者，帮助生产经营者解决“销售难、回款难、定价难、融资难”的“四难”问题，帮助消费贸易者实现“好货、好价、好贸易、好融资”的“四好”诉求，推动促进实体产业智能化升级、规范化发展。特别在特色农产品产业领域，针对乡村振兴、区域原产地资源整合，提供完整服务模式及解决方案。即全面整合区域特色农产品现代流通资源，以服务乡村振兴及县域经济高质量发展为目标，为全球市场提供价格最低廉、性价比最高的现货商品资源（好货、好价）；同时通过不断持续的渠道拓展，用于对接以新零售为代表的新批发渠道；通过一定的资源投入，快速提高商品实际销售额(好贸易)；在不长的时间内，取得良好的品牌推广及销售结果。同时为后续的上市商品产能预售及供应链金融服务（好融资），构建足够的金融场景。通过区域供应链金融平台的构建，结合交易平台，构建属地化的特色产业集团，交易+金融双轮驱动发展。引入供应链资金、保理资金、产业基金为代表的银行金融机构，真正实现产融对接，金融服务实体经济，为后续区域特色农产品上市交易做好充足的准备。在区域特色农产品样板整合好之后，通过快速横向扩充，尽可能多地增加上市商品的品种品类，将“四好”转化为切实可行的实现路径，同时通过上市企业的平台销售利润分成，以及引入供应链资金的金融服务佣金，为交易所创造大量可观的主营业务收入。

渤商所农产品数字化产业电商平台本着“政府支持、企业运作、互利共赢、共谋发展”的原则，为区域经济社会发展提供产业整合方案，采用“竞价+挂牌+预售”组合模式，建立市场、质检、仓储、物流、融资、信息等市场服务体系，提升传统产业链的运行效率，提升区域产品品牌价值，构建大宗商品产业电商综合集群，打造地区特色资源产业和产品的影响力。通过该产业电商模式，目前已落地项目包括正阳渤海花生交易中心、精河渤海枸杞交易中心、梅河口松子交易中心、鄂尔多斯煤炭交易中心、开封渤海大蒜交易中心、潼南渤海柠檬交易中心多个农业产业项目。

4.4.1 平台定位

渤商所农产品产业电商平台创新结算、交易、金融及市场服务模式，通过区块链、大数据、云计算等多种科技金融工具，以农产品原产地基地为交易基础，将原产地资源盘活，通过培养公司化的市场主体，提升产业集聚，接入金融化的产业资源，为原产地农产品行业转型升级提供整体解决方案。

4.4.1.1 交易和定价中心

实现区域特色农产品现货商品及订单交易的产业电商平台构建，推动农产品流通环节的规范畅通，形成公开透明的交易机制和合理的价格导向，引入全国多个区域特色农产品资源，包括资金与渠道，投资于农产品资源，并将税收留在当地，打造原产地农产品的定价权、话语权。

4.4.1.2 溯源和仓储中心

通过区块链追溯系统，解决区域农产品生产及加工过程中的品质跟踪监控问题，通过当地政府引导，第三方质检机构进行检测，共同推出并发布农产品质量标准与指数。同时与大型仓储机构合作，为买卖双方提供高效、安全的标准收储服务，打造原产地农产品仓单金融服务。

4.4.1.3 供应链融资中心

通过标准现货仓储体系的搭建，运用仓单融资、订单融资等多种方式，打通银行与农产品产业客户之间的藩篱，解决农产品交易中资金短缺的问题。同时通过与地方政府的合作，调研农产品产地基本生产情况，并进行统计，包含合作社的面积、种植信息、种植年龄、预估产量以及销售意向，为供应链金融做好确权准备。

4.4.1.4 产业化研发服务平台

聚集地方政府、龙头企业和科研机构等资源，建立严格的地理坐标品牌管理制度，充分宣扬地理标志品牌价值，打造一个基于产业化发展需求的、开放式的公共研发服务的产业电商平台，在农产品产业链上补足短板、发挥合力，支持一批上下游企业落户当地发展，填补当地农产品产业链的空白，改变区域特色农产品产业大而不强的局面。

4.4.2 系统结构与功能模块

渤商所农产品产业电商平台是为乡村振兴事业提供完整解决方案的重要基石，其中包括原产地区域特色农产品交易中心与供应链金融服务中心。在交易中心，实现的是农产品超市，主要处理在贸易过程中产生的合同、发票、订单、交易、物流及仓储流程。而在金融服务中心，实现的是金融超市，实现包括保理、票据、信保、反向保理、收益权保理、池融资、预付款融资、动产质押等业务的贷前贷中贷后全流程处理。供应链金融服务平台基于表单化的管理方式，将各项业务操作功能封装进入各个业务管理表单，带来业务管理上的新突破，使得业务管理及系统操作更加便捷。同时可实现与投融资平台、外部征信系统连接等一站式服务，为企业解决信息化建设过程中业务开拓、产品推广、风险控制、内部管理等问题。

农业产业电商平台主要目标在于通过客户管理、授信管理、合同管理、应收账款管理、付/放款管理、风控管理等主要功能，实现对行业融资业务全流程化管理，方便业务操作为事前预测、事中控制、事后跟踪管理，实现保理业务集中控制管理。系统通过实现内部信息化全流程管理，实现组织内部信息、资源的共享，强化保理业务的监控管理，促进企业管理电子化、规范化。同时，系统支持与企业现有的业务系统之间的应用集成，打破信息孤岛。

4.4.3 交易模式

4.4.3.1 农产品仓单发售

农产品仓单发售指通过产业电商平台，构建从农产品确权→种植→培育→采摘→质检→加工→仓储→仓单一条龙的基于区块链技术的全程溯源体系，同时在可信仓单的基础上，对接交易平台，实现仓单竞价发售及仓单质押融资，实现“产融结合、协同发展”，构建极具行业特点的交易模式。农产品生产商及采购商如需要资金，就可以随时通过标准化“收储”的方式变成农产品仓单进行融资，让原产地巨大的农产品资源得到最大的金融支持，活跃区域经济，盘活现有资源。同时平台提供产品直播，在宣传推广原产地“质量标准”的基础上，进行互联网品牌构建，实现线上直购。

4.4.3.2 产能预售融资

原产地农产品产能预售融资模式是农产品采购批发商搭建的一个集预销售、预采购及供应链金融的线上交易模式，方便用户利用平台进行未来固定日期产能的交易与融资。利用产能预售融资，采购商利用金融杠杆提前采购，扩大采购金额，销售商则实现提前销售、订单农业、提前收回货款，用于扩大再生产及规范化建设，轻松交易，做大贸易。

4.4.3.3 电商拼团

电商拼团交易是继淘宝网电商、拼多多团购之后又一创新型、具有社交属性的P2C（商品和顾客）拼团交易，通过亲友团、社区团、公司团等多种社交拼团模式，可以大规模、成批量、高流量地实现原产地及相关产品全国互联网销售。实现生产者得销售、消费者得实惠、渠道商得利益，配合全方位的互联网原产地农产品价值立体宣传，将原产地的品牌形象传到千家万户，最终实现原产地农产品在全国开枝散叶，实现巨大的品牌价值。

4.4.4 平台盈利

农业产业电商平台以实现社会效益为主，通过稳定的收益，实现可持续运行的目的。一是交易佣金收入。对加入服务平台的会员，在提供服务的同时，按交易金额，交易双方各收取一定比例的佣金收入；二是增值服务收入。对加入服务平台的会员，提供一系列的增值服务，如资讯信息服务，包括专业数据库、市场行情跟踪服务等；手续代办服务，提供综合性、专业性、一站式服务；流程配套服务，提供结算、保险、融资代理、供应链管理、区域配送服务等；会员办公室租赁服务；有偿咨询服务；其他个性服务收入。

第5章 建立产权明晰的供应链流通组织机制

［内容提要］围绕新型现代农产品流通供应链，从供应链流通参与主体组织机制创新的视角展开分析。首先，阐述产权明晰的供应链流通组织机制的内涵；其次，分析产权明晰的供应链流通组织机制创新的具体内容与方法；最后，分析产权明晰的供应链流通组织机制创新的意义。

5.1 产权明晰的供应链流通组织机制的内涵

建立产权明晰的供应链流通组织机制是指通过建立现代企业制度，使作为农产品流通供应链各环节上的参与主体形成产权明晰、权责分明、管理科学、有效运转的市场经营主体。

在市场经济条件下，流通主体组织结构的现代化是完善新型市场经济体系的关键，是实现农产品现代流通方式的基本保障。作为农产品流通主体，供应链任何节点的最终结果必然是规模化、组织一体化。王国顺、李长江（2007年）的研究表明，股份有限责任公司产权结构类型有助于提高企业效率。主要表现在：①在集资能力上，股份集资可以在大范围、多个主体之间进行，快速形成较强的集资能力；②在资产分配上，股份制企业的基本原则是“按股融资、按股分权、按股收益”，能够确保投资者权益的实现，确保产权清晰、权责分明；③在企业责任上，实行有限责任，克服了自然人企业制度的缺陷；④在企业流动性上，产权以企业证券形式实现，使得产权在不同主体之间转移，流动性强；⑤在企业管理上，利用委托—代理机制，雇佣有知识、有能力、有经验的专业管理人才，组织公司经营管理，可以有效提高企业管理效率；⑥在企业监督上，由于产权主体的多元化，对公司的经营管理将形成社会化的监督。

因而，在农产品流通供应链各环节，探索建立有农户参加的新型股份有限责任公司组织形式，并用法律的强制力使农产品生产者与经营者之间形成各自独立但相互制约的关系，最终达到提高农业组织化程度，提高农产品市场竞争力，通过补强最弱的一环或几环来快速提高整个供应链的效率和规模的目的。

5.2 供应链流通组织机制创新的具体内容与方法

即按照现代企业制度，在供应链生产供应、贸易销售以及仓储物流各环节，形成能够整合与启动农产品供应链上、中、下游各类资源，且按照市场机制与规则运行的现代化公司组织体系。

5.2.1 在生产端建立特色农产品现代生产供应组织体系

在特色农产品生产、供应环节，通过优化产权结构，农户以参股、入股的形式与具有实力的地方性企业合作组建区域特色农产品生产供应联盟公司，有效推动供应链上各类生产主体按照市场导向转变生产方式与组织方式等。

特色农产品生产供应公司可以采取“龙头企业+专业合作社+农户+土地”的组织经营模式。在该模式下，企业以其资金、人才、技术入股；农户以自己的土地、生产要素加入合作社，最终形成以企业为带动、农户共同参与的地方特色农产品生产供应模式，从生产源头保证农产品生产质量。

一方面，通过农户参股的方式调整产权结构使得流通的产权现代化。在农业生产合作社中，农民以其生产资料入股，成为合作社的股东，选出董事会负责合作社的经营决策，并聘请有知识、有能力、有经验、懂管理的农业经理人负责合作社的日常生产经营管理，农业经理人有效利用特色农产品信息化平台，收集分析农产品市场信息，并反馈给农户指导生产，使农产品生产更加适配市场需求，同时，农业经理人还可以根据农业行业或者农产品的市场行情和未来发展走势，做好生产资料、销售渠道、风险分析、产品定位等一系列的规划和分析，以分析和把握市场趋势。另一方面，具有丰富经济技术和资源的农业流通龙头企业凭借其先进的技术、庞大的营销网络，更容易获得优质、大额、稳定的订单，同时，利用龙头企业的人才优势、技术优势与资金优势，开发培育新产品、研发新技术，引导农民按照现代企业经营方式种植农产品，最终实现互利共赢、协同进化的先进农产品生产供应模式。

建立新型区域特色农产品生产供应组织机制具有以下优势：第一，可以有效提高农民对于农业生产未来的预期。通过有计划地规划新型农业合作组织的生产和发展，最终达到提高其组织化程度和整体实力的目的，实力强大的合作社可以使农产品在首次交易阶段更具话语权，从而从根本上保护农民生产的积极性。第二，可以保证农产品生产质量，提高农产品的生产效率。有实力的地方性龙头企业通过聘请技术专家对农户的生产环节进行深入的指导和提升，传授现代生产、管理经验以及有计划地改良生产土地，为农民提供配套农业生产服务等能够有效组织农业生产，提高农业发展水平。第三，可以有效对接农产品物流联盟公司与农产品经销联盟公司，使农业生产供应、仓储物流配送与农产品经营销售深度融合，形成一体化供应链组织机制。

5.2.2 在消费端建立特色农产品现代经营销售组织体系

在特色农产品供应链产品经营、销售环节，建立特色农产品经销联盟公司，负责采购、销售农产品及把握消费者需求信息。通过把控消费者对产品的需求，采取市场细分、聚焦等策略快速建立根据地市场和占据战略性区域市场，形成“特色农产品经销联盟公司+有效市场+消费者需求”的精益销售模式。形成在把握消费者需求的基础上，快速占领有效市场的模式，实现农产品流通的更高效运行。具体实施路径如下：

第一，农产品生产供应联盟商在农产品电子现货交易与服务集成平台上发布农产品供应信息，寻求经销联盟商。

第二，农产品经销联盟商通过查询信息，在农产品电子现货交易与服务集成平台中的交易板块下订单，按照市场竞争规则开展电子现货交易，并获取供应链融资及供应链物流支持。

第三，农产品经销联盟商在线上交易成功后，在线下布置体验店，通过体验店进行线下的推广宣传，提高知名度，拓宽有效市场，搜集掌握消费者的需求信息，快速满足消费者的需求以占领市场。

体验店相当于联盟公司的广告宣传点，设置体验店的目的是为了吸引客户与总公司达成交易。同时体验店的作用还在于它像一个个“传感器”将顾客的需求信息转化为公司内部的数据信息进行上传，使得公司对于市场动态的把控越来越精准和及时，同时体验店还可以更好地打通上游的供应链，即通过体验店来吸引商品的供给者。联盟公司通过打通产业链渠道、收集并分析用户的需求数据来确定体验店的点位分布、供货数量、人员配备等工作，并负责对体验店进行指导。

体验店一般分为市级体验店、县级体验店和乡村体验店三个层级，不同层级的体验店面对的客户群体有所不同。其中，市级体验店更加密集，功能更齐全，当客户对体验店的商品感到满意时，会与联盟公司达成更大的购买协议；当体验店无法满足客户需求时，体验店会要求联盟公司提供技术性服务或者加大供货量。体验店对于联盟公司来说，就像是一个组织的末梢神经，是公司对于市场的桥头堡，是公司能否取得成功的关键要素。如图 5-1 所示。

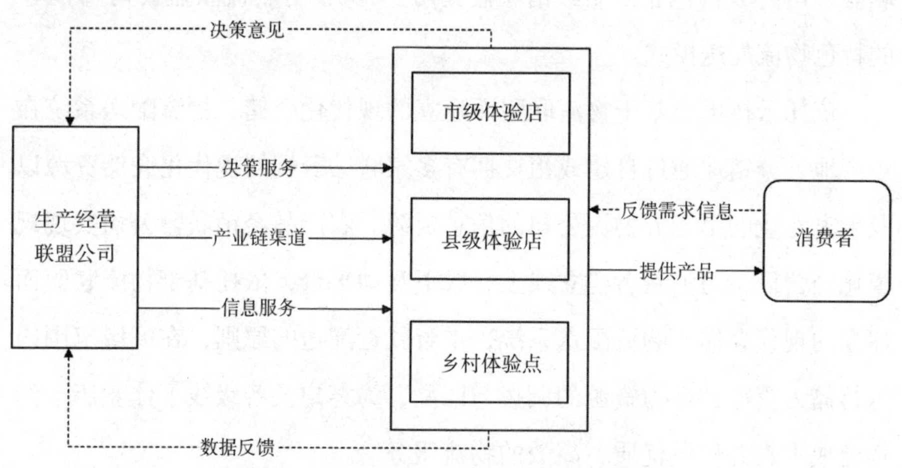

图 5-1 生产经销联盟公司与体验店组织图

通过对线上、线下消费者需求信息的掌握分析，农产品生产经销联盟公司将能够很好地把握有效市场，根据消费者需求，生产适销对路的优质产品，控制劣质产品的出产，实现供求双方效益最大化。掌握消费者的需求，生产或者调度当地消费者所需要的产品，减少不必要的运输成本和仓储成本以及风险的承担，实现利润最大化。在这一环节中，以需求指导生产，通过分析市场信息反馈生产，可以有效避免市场风险，占据有效农产品市场。

5.2.3 在物流配送环节，建立区域特色农产品现代仓储、物流组织体系

即基于物流联盟、依托云技术而建立集现代仓储、物流配送为一体的现代物流组织机制。在特色农产品供应链物流配送环节，特色农产品生产供应联盟公司与经销联盟公司在特色农产品电子现货交易与服务集成平台达成电子现货购销合同后，对接并启动“特色农产品生产供应联盟公司（或特色农产品经销联盟公司）+第三方物流联盟公司+订单”的特色物流配送模式。

依托云技术、基于物流联盟而建立的现代化仓储、物流配送系统在生产地、分销地通过自建或租赁拥有多家联结云端的现代化仓储资源以及多家专业的第三方物流公司的信息资源。农产品经销联盟公司实现规模化经营后，与消费者建立线上、线下互动平台，依托基于物流联盟而建立的现代仓储、物流配送系统，本着就近配送的原则，在区域范围内进行储力资源和运力资源的调拨与匹配，为客户及各级线下体验店节约物流成本，并提供优质、高效的物流服务。

5.3　产权明晰的供应链流通组织机制创新的意义

5.3.1　有助于提高农户地位，提升农业生产能力

长期以来，在我国市场经济体制的建立过程中，农户作为市场经济的主体地位没有得到确立，农户在传统市场活动中处于劣势地位，农业生产活动的回报率极低，农业效率低，这导致农业出现了萎缩和难以提振。在农产品供给端即供应链源头，按照现代企业制度建立的与农户紧密联结的农产品生产供应联盟公司享有产品定价权，市场优胜劣汰的竞争规则将真正激发农户进行农业生产的内在潜力；同时，基于农户产权结合的供应链组织创新，将使农业生产更加向着现代化的集约化、规模化方向演化，市场竞争机制将促使农产品生产供应联盟公司重视产品生产的源头，开始统筹整条供应链的效率和收益，通过土地流转、土地作价入股等扩大生产规模，通过生产资料支持、技术支持、销售支持等真正赋能农业供给侧改革，实现农业的增产增效。

5.3.2　有助于快速响应消费者需求，实现农消对接

在消费端建立的农产品经销联盟公司组织形式以消费者需求为核心进行农产品的经营、销售，由于其与消费者联系密切，能够将消费者口碑、满意度及对农产品品种、品质、数量等的需求偏好信息快速传递，并通过贸易机制与农产品生产供应商达成订单、与供应链物流配送商紧密衔接，从而使农产品供应链上的流通主体有机联系起来。农产品生产

供应商、经销商、物流商等通过农产品信息平台所体现出的供求关系有机结合、灵活地联系在一起，形成完整的农产品生产供应、物流配送、经营销售流通体系新生态。

5.3.3 有助于培育市场经营主体，完善市场监督机制

市场经营主体的培育与形成是建立完善的市场流通机制的重要保障。参与产业生态同盟链的各相关主体，是市场经济条件下具有明确的法律权利与义务的市场经营主体。其中，市场经营主体的权利，是指法律赋予其能够做出或不能做出一定经济行为，以及要求别的市场经营主体相应做出或不做出一定经济行为的资格。其主要包括：

(1) 市场经营主体是权利的享有者，在一定程度内能够完成某些行为的可能性，如保证有一定的人、财、物、技术、场地等。

(2) 要求他人为一定行为或者不为一定行为，以保证自己权利实现的可能性，如为维护自身权利，市场经营主体应当走法律程序。比如对自己商标、专利的法律保护。

(3) 当市场经营主体的权利不能实现时，可以请求国家有关行政权力机关通过强制力量保证市场经营主体的正当权益、补偿其被侵害的权益，但这一权利实现的前提是市场经营主体自身必须遵纪守法、合法经营。

而市场经营主体的义务，是指法律要求其必须做出或不做出一定经济行为，以及对其他市场经营主体应当做出或不做出一定经济行为的责任。其主要包括：

(1) 市场经营主体必须履行的义务。主要包括：依法登记注册、依法纳税、合法经营、执行国家的经济政策、保护消费者权益、保护环

境、接受政府机关的监督管理等。

（2）在一定限度内必须完成某种作为或不得进行某种作为。例如，交税是每个市场经营主体必须做到的，因此他们必须按照法规规定及时缴纳；依法完成合同所规定的对其他市场主体的义务。

（3）市场经营主体如果逃避法律所规定的其应该履行的义务，则应负法律责任。例如，如果市场经营主体在经营过程中对自然环境造成了破坏、污染，依据我国有关环保的相关规定，要给予其相应的处罚（如罚款）。

（4）市场经营主体的社会责任。例如，向消费者提供优质商品，提高人们的生活水平，满足顾客需求，增加社会就业。这种做法不仅仅是市场经营主体在经营过程中需要做到的日常活动，也体现了他们在经营中所肩负的社会责任。

因而，通过规范市场经营主体的法人资格与行为准则，设立基本的市场门槛，可以有效加强市场监督管理。

第6章 建立要素融合的供应链流通交易机制

［内容提要］围绕新型现代农产品流通供应链，从供应链流通交易机制创新的视角展开分析。第一，阐述要素融合的供应链流通交易机制的内涵；第二，分析要素融合的供应链流通电子现货交易方式创新形式；第三，分析要素融合的供应链流通电子期货交易方式创新形式。

6.1 要素融合的供应链流通交易机制的内涵

要素融合的供应链流通交易机制是指依托区域特色农产品产业电子商务平台，通过竞买、挂牌、预售、新预售、集采等新型农产品电子现货交易模式或组合模式的创新，有效整合区域特色农产品全产业链流通要素商流、物流、资金流与信息流，使得交易流程更加透明、融资成本更加降低、物流服务更加高效、信息共享更加顺畅，进而提高农产品流通供应链生态效益、降低流通成本。如图6-1所示。

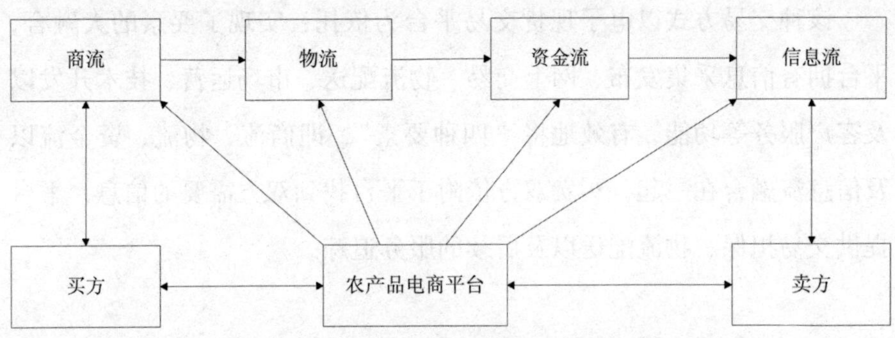

图 6-1　要素融合的供应链流通交易机制

6.2　要素融合的供应链流通电子现货交易方式创新

6.2.1　要素融合的供应链流通电子现货交易业务流程

要素融合的供应链流通电子现货交易是一种即时或中远期交易，指买卖双方通过电子商务平台进行交易。在买卖双方成为平台的用户时，卖方在平台发布自已商品的信息，买方可以根据需求搜索商品，再与卖家进行协商。双方达成约定后在平台下单，平台会对双方动态进行追踪，直至完成交易。要素融合的供应链流通电子现货交易业务流程如图 6-2 所示。

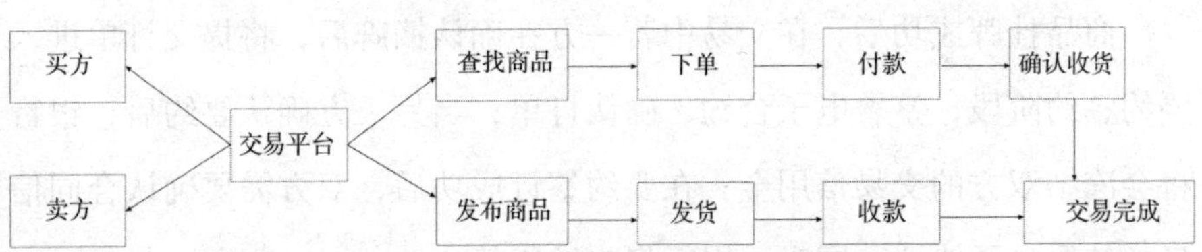

图 6-2　要素融合的供应链流通电子现货交易业务流程

该种交易方式以电子现货交易平台为依托，实现了要素的大融合，平台拥有信息采集发布、网上交易、物流配送、市场运营、技术开发以及客户服务等功能，有效地将“四种要素”，即商流、物流、资金流以及信息流融合在一起，买卖双方依附于平台找到双方需要的信息，平台提供交易担保、物流配送以及后续的服务追踪。

6.2.2 要素融合的供应链流通电子现货交易的创新形式

6.2.2.1 挂牌交易

挂牌指现货即买即提，卖方在现货平台上发布挂牌商品销售信息，买方接受该商品的各种要素信息，在该商品的可销售数量范围内自主选定采购数量，双方确认并达成现货购销合同，即时交货付款的现货购销方式。这种交易方式适用于企业常态化库存商品销售。挂牌交易分为买方挂牌交易和卖方挂牌交易，其业务流程包括以下四个步骤。

(1) 订单发布

卖方在交易平台上发布商品信息以及选择仓库，设置商品的交易信息，在确认挂牌后经过平台的一系列审核进行挂牌交易；买方同卖方一样，以同样的方式发布商品的求购信息，经过审核后商品求购挂牌成功。

(2) 订单处理

商品挂牌成功后，在交易中若一方在确认摘牌后，将提交订单进入要约签约阶段，签署电子合约，确认订单；当另一方确认要约后，银行将会冻结双方的交易信用金；在要约签订成功后，双方需要确认合同信息，签署电子协议，同时，银行将冻结货款。

（3）商品交收

交易双方根据签订的合同来履约，卖方发货，其中，可以委托平台承担物流或由卖方自己承担物流。买方收到商品确认无误后，进入支付结算阶段。

（4）支付结算

卖方签署电子合同，进行过户。买方确认过户，并支付结算款项，银行解冻交易双方的信用金，交易结束。

其交易流程如图6-3所示。

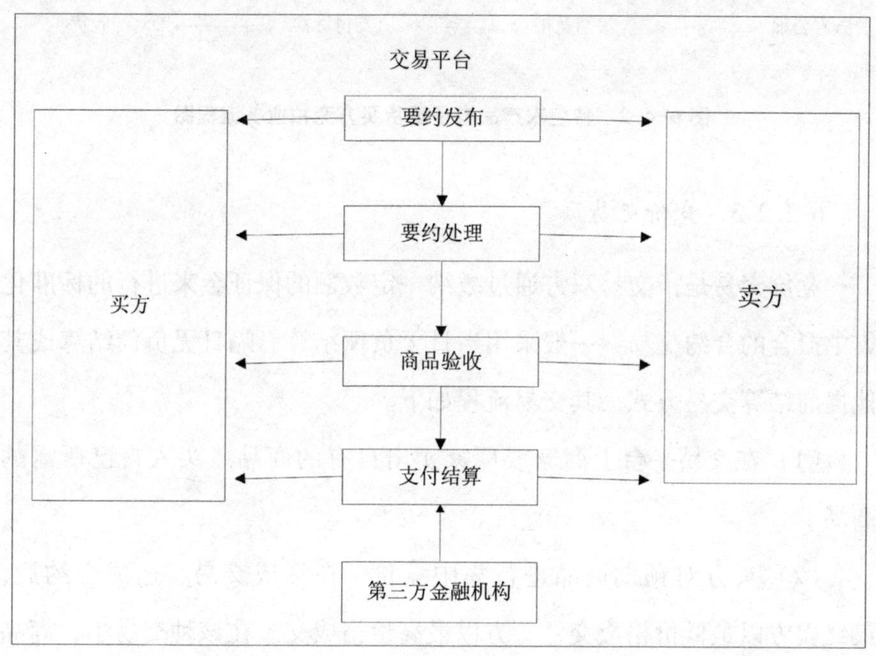

图6-3　现代农产品电子现货挂牌交易业务流程

6.2.2.2　竞拍交易

竞拍交易，即卖方在电子现货交易平台上预先公布挂牌商品信息及销售底价，根据“价格优先、时间优先”的竞价规则，客户参与交易，由获得购买资格的买方与卖方达成现货购销合同，双方即时交货付款的现货购销方式。该方式更适用于紧俏商品的销售。其卖方及买方竞拍业务流程如图 6-4-1、6-4-2 所示。

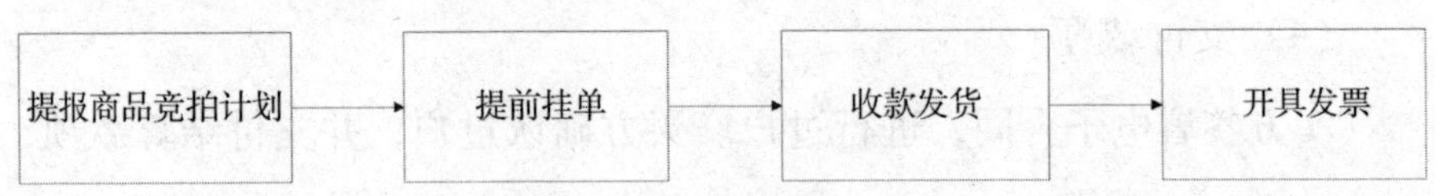

图 6-4-1　特色农产品电子现货卖方竞拍业务流程图

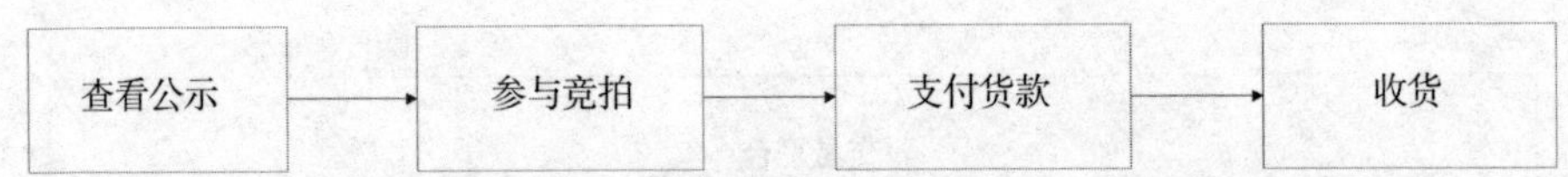

图 6-4-2　特色农产品电子现货买方竞拍业务流程图

6.2.2.3　竞价交易

竞价交易是指交易双方通过缴纳一定数额的保证金来进行的标准化集中撮合的合约交易，一般采用当日无负债结算、隔日无负债结算或其他提前结算交易方式。其交易流程如下。

（1）在交易平台上商家或厂家卖出自有的商品或买入自己所需的商品。

（2）买方对预期商品进行集中竞价，在形成交易、达成合约后，最终卖方以最低价格成交，买方以最高价格成交。在该种交易中，商品会以不同的价格成交，形成连续的集合竞价交易，并且商品的价格会不断向市场价格靠拢，反映真正的市场供求。

（3）资金结算。在最后的交割日，持有合约的进行实物交割，结算资金。当买卖双方数量多，尤其是当实物交割地点不同时，交易市场会进行自主配对选择合适的交易，并且对交割过程中可能发生的纠纷进行处理、解决等。

与传统交易相比，该交易的主要优势包括：第一，在交易方式方面，所有商品均转化为标准化合约进行交易，具有交易集中、自由竞买、价格不确定性、异地交割等特点，降低了流通费用，提高了流通效率；第二，在交易成本方面，将买卖双方集合在固定的交易场所，进行价格协商、竞争等，减少了流通环节，降低了商品的采购和销售费用；第三，在农产品流通效率方面，电子技术的运用，大幅减少了交易时间，提高了商品流转效率，提高了资金的流通效率，减少了由信息不对称造成的低效率；第四，在风险控制方面，交易所通过保证金、会员制、赔偿违约金等制度来防范风险；第五，集中竞价交易价格透明，统一结算制度保证了交易的公平性，使得每个交易者在交易中都获得公平交易的机会，并且公开每种商品的信息，有效防范了伪劣商品，保护了名优产品。

同时，该种交易方式也面临以下问题：第一，如何扩大交易品种，使得交易体系容纳更多非标准化商品，扩大交易商品的种类和数量；第二，如何扶持中小企业，使其积极参与交易，扩大市场规模；第三，如何提高交易效率，加快现货交割比例；第四，如何改进交易机制，提高交易结算效率。

6.2.2.4 预售交易

预售交易是指生产商发起预售，由采购商摘单达成交易，但采购方必须交付一定的预售金，且预售金必须存放在监管账户。在此种交易方式中，采购方可以向平台申请融资，经过审核后金融机构会将融资款放入监管账户。在生产商出货后将货物放在监管库，按放入货物的比例进行提取货款，而采购方还款提货，直到完成全部货款。其交易流程如图 6–5 所示。

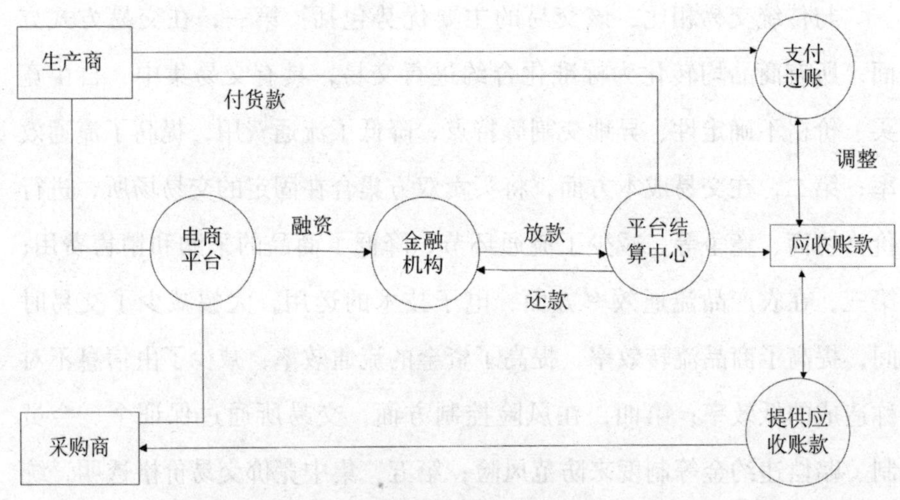

图 6–5　预售交易流程图

该种交易方式的特点是以信用作为担保，其优势在于：第一，加快了产业发展。在预售交易中需要交付一定比例的预售款，并且第三方的金融机构提供融资服务，一手交钱一手交货，监管机构代为执行，加快了资金的回流速度，有效降低了坏账发生的概率，卖方可以迅速扩展市场，扩大市场运营规模，缩减成本，扩大销售规模。第二，解决了资金问题。平台引进第三方金融机构，为交易提供融资服务，解决了产业发展中的资金问题。第三方金融机构不仅提供资金，还具有一定的监管功能，对交易双方进行监管。预售的定金，为产品生产商解决了资金问题，保证了生产的效率。

同时，该种交易方式面临的主要问题有：第一，平台难以建立一种信用体系让用户信任。预售交易依赖于一个强大的信用保证体系，在采购商向生产商支付一定的预收款时，若没有一个强大的信用保障体系交易就难以达成。因此要建立一个让用户信任的交易平台必须要有权威的机构进行担保，保证用户的资金安全。第二，平台对每一流通环节的风险难以把控。平台承担着物流、资金流、商流以及信息流的监控功能，对于交易的每一环节，必须严格把控，以保证在整个交易过程中“四流”能够相互协调运作，共同服务于交易。第三，产品质量难以监控。对于产品卖方的资质、产地、信用、生产能力等难以严格把控，并且不能时时刻刻监控产品的生产，容易使厂家以次充好，损害采购商的利益，所以必须建立一套完备的质量监控体系，对产品质量严格把关。

6.2.2.5 集采+融资交易

集采即指集中采购，是指买方通过对同一类材料进行集中化采购来降低采购成本。集采交易的采购方一般是指强势的、卖方认可的、资方认可的大企业。集采业务流程包括：

（1）买方发单，缴纳0%~5%的履约保证金，冻结。

（2）卖方竞价摘单，锁价、锁货，缴纳5%履约保证金，冻结。

（3）卖方按照约定送货，买方质检收货，按批次给卖方出结算单，平台释放卖方保证金。

（4）卖方录入结算单，申请融资，买方审核结算单及确认收发票。

（5）资方打入已扣息的借款，平台划给卖方，扣卖方手续费。

（6）买方付款，平台划给资方，扣资方手续费，释放买方保证金。

其业务流程如图6-6所示。

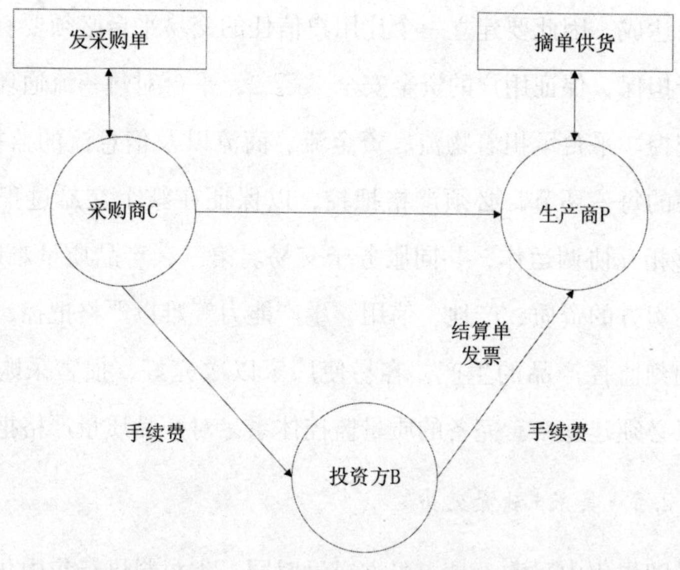

图 6-6 集采+融资交易流程

6.2.3 现代农产品流通电子现货交易的市场特征

6.2.3.1 存在双边市场的结构特征

基于电子商务平台的网上交易模式本质上创造了双边市场，以平台为媒介连接买方市场与卖方市场，卖方与买方通过平台完成交易。平台的功能是将买方与卖方吸引到平台中为双方提供服务，促成双方达成交易。

6.2.3.2 具有交叉网络外部性特征

在网上交易中，平台两边的用户之间存在密切的关系，一边的用户会对另一边的用户产生很大的影响。通过电子商务平台交易双方可以扩大交易对象，接触到更多的潜在交易者。越来越多的交易者参与竞争，降低交易价格，以更低成本达成交易。平台用户最关心的是能否达成交易，在同一平台进行网上交易时，一边用户的参与数量会影响另一边用户的参与规模。平台是提供交易服务的媒介，一边用户获得网络外部性的收益会随着另一边用户数量的增加而增加。

6.2.3.3 价格结构非中性特征

大多数电子商务交易平台采用“免费模式”，吸引交易者参与平台交易，降低了参与者的交易成本。多数电商平台只对卖方收取费用，例如，交易服务费，包括店铺费、在线支付费等，而对买方不收取交易费用。这体现出网上交易价格结构的非中性。

6.2.3.4 农产品电子现货交易平台定价

区域特色农产品的电子现货交易以平台为媒介，由于网络的外部性形成了双边市场。平台是双边市场的运营者也是管理者，平台通过吸引交易双方进行交易，收取中间费用而获利。平台是一个公平、公正的交易市场，一般在均衡状态下，平台之间不会竞争卖家，反而会竞争买家，通过吸引买家来加入平台。我国农产品交易网大都采用倾斜定价，即对农产品供应方收取的费用多，而对需求方收取的费用少甚至不收费。平台定价的影响因素主要包括：

(1) 用户的需求价格弹性

平台往往会对弹性小的一边进行较高的价格加成，对弹性大的一边设定较低的弹性加成。平台用户的数量是影响用户需求价格的重要因素，一般来说，用户数量越多，需求价格弹性越大。换而言之，若买方使用平台的数量少，则在买方设定较高的加成价格，如提高用户的注册费用、提高交易价格等。在需求弹性大的一边设定低价，调低进入门槛，增加用户数量。

（2）用户多平台接入

当用户面临多个平台并且可以选择时，平台之间存在竞争关系并且平台没有能力实施排他性行为。理性用户将会选择低成本的平台进行交易，进一步扩大了交易对象。然而，用户的选择具有多样化，用户的多平台接入对于平台的定价产生很大的影响，通常来说，当有单平台接入时，平台会对其设定比多平台接入时更低的价格。

（3）平台竞争

随着多个平台的出现，并且平台的功能越来越完善，各个平台之间的差异性也越来越小，平台竞争的差异化是竞争的一种重要手段，例如平台通过投放广告来竞争，广告越能吸引用户，引起用户的兴趣，赢得竞争的可能性越大，平台之间通过广告的差异性来参与竞争。此外，平台还通过一些促销活动参与竞争。平台之间的竞争影响平台的定价，使得平台之间在竞争中定价越来越趋同。

（4）平台捆绑

平台的运行需要多个服务商协调配合，平台之间进行捆绑运营，提高服务效率，并且平台可以通过捆绑获得收益。例如，京东平台在支付结算时与微信捆绑，既可以提高京东的运营效率，也可以提高微信的用户数量。捆绑可以使平台厂商平衡双边市场的发展，更加有效率地运行，并从中获益。

6.2.4 电子现货交易面临的主要风险

6.2.4.1 价格风险

期货中远期市场的价格容易受到人为操作的影响，对于中小投资者来说，容易受到价格大幅度波动的影响，因保证金账户上的资金不足而被强行平仓。

6.2.4.2 监管风险

目前虽然平台收取一定数量的保证金，但由于相关监管法律制度的不完善，经常出现资金被非法侵占、利益相关者卷款出逃等问题；同时对仓储监管不到位，导致发生货物被挪用、丢失等风险；由于交易制度不规范，靠收取佣金获利，存在较多的中间商，给监管带来一定的难度。

6.2.4.3 法律风险

我国的金融市场还处于初级建设阶段，期货中远期交易相关法律制度的完善以及市场制度的不健全，一些交易者逃脱法律制度、钻法律漏洞的问题经常出现。并且由于中远期交易中交易主体不明确，在交易过程中双方不明确交易对象，整个交易过程完全由市场主导，无法精确锁定交易主体，存在法律风险。

现货中远期交易在农产品流通中占有较大比重，与农产品现货交易相比，弥补了在时间、空间、信息、结算、配送等方面的不足。这也是一种预售行为，合约价格对现货市场有引导作用，能够降低现货市场价格波动的风险。

6.3 供应链流通电子期货交易方式创新

6.3.1 期货交易的主要内容

农产品期货交易是指买卖农产品期货时通过签订合约进行交易，根据合约上的交易日期确定交易日期，合约上标明了交易数量、交易产品以及交易地点等基本交易信息。而且这个交易合约的本身也是一个可以交易的对象即合约本身也可以买卖。在期货交易中，买卖双方要在期货交易所进行合约的签订，其具体的实物交割由合约期限决定，是一种未来的交易，反映了对市场价格的预测，可以作为一种套期保值工具。期货交易所提供交易平台，交易者在平台中按照规定的交易流程进行期货合约的买卖。期货价格是通过公开竞价产生的，与现货价格存在紧密联系。但由于期货与现货存在时间差异，并且差异与实物交割时间成正比，即时间越近，差异越小。差异的正负可以预期交易价格。

6.3.2 期货交易的两种主要形式

6.3.2.1 基差交易

基差交易是指交易双方在确定交易价格时，并不是确定一个固定的价格，而是确定一个价格公式（采用某一交易所（CME）的期货价格加上一个升贴水），通常是先确立升贴水，之后会有一个点价期，即在规定的一段时间内交易双方可以选择这期间某一天的期货价格作为最后交易价格的基础。基差交易对于商品运输时间较长的交易非常重要，因为在运输期间价格可能发生较大的变动，比如对于进口商来说，可以通过点价机制选择一个较低的价格来避免价格上涨风险，并配合多头套期保值使价格波动风险降到最低。基差交易的几个显著优点包括：①交易方式灵活，兼具公开报价和私下协商；②清算方式灵活，双方自由度大；③可实现分批点价、分批交收，交易更灵活；④通过点价合同即可查看对手方信息，便于双方沟通点价及交收细节。

6.3.2.2　调期交易

调期交易是指交易商以定金的形式订立固定到期日交收的电子合同，当合同订立后，合同持有者可以根据市场行情和企业的生产需求，选择将合同持有到期交收，或者在到期前进行转让、调期转让、调期交收、协议交收。

调期交易的主要特点包括：①它以现货贸易习惯为基础，以实物交收为目的，以远期合同转让为交易形式；②尊重现货市场一般规律，立足行业特点和发展需求，自主创新，是一种“介于现货与期货之间”的交易模式；③引入实体行业中龙头企业作为“特许服务商”，提供调期结算、升贴水报价，提高现货流动性；④配套电子仓单质押融资，精准物流配送服务。

6.3.3　期货交易竞价模式

期货交易竞价模式主要包括以下两种。

6.3.3.1　公开喊价

即通过手势人工喊价。这种交易方式主要存在于计算机出现但未开始大规模应用的时期，目前我国有些期货交易所仍然采用这种手势喊价的竞价方式。

6.3.3.2　计算机撮合

即利用计算机进行交易。该种交易方式自动化程度比较高，根据计算机指令进行配对交易，时间短、效率高。目前在国内，计算机撮合交易规则是价格和时间优先。

第 7 章　建立产融结合的供应链流通融资机制

［内容提要］围绕新型现代农产品流通供应链，从供应链流通融资机制创新的视角展开分析。首先，分析产融结合供应链流通融资机制的内涵；其次，分析产融结合供应链流通融资机制创新的内容；最后，分析产融结合供应链流通融资风险与控制方法。

7.1　产融结合供应链流通融资机制的内涵

区域特色农产品供应链流通融资机制是指农产品产业电商平台提供方在对供应链物流、商流、资金流和信息流数据进行统筹的基础上，同金融部门一起建立供应链组织信用评估机制，并以业务流为基础，充分利用供应链上下游企业间的信用传递，合理设计融资方案、优化资源配置、提高融资效率、降低融资风险。

融资平台、金融机构、核心龙头企业、生产者、商户、物流公司、政府机构，以及担保机构等共同构成供应链融资活动的主体。不同的主体在供应链融资活动中扮演不同的角色，发挥不同的功能。

（1）平台和金融机构共同设计并提供融资产品。双方紧密合作，充分利用平台强大的数据整合功能，建立供应链组织资信评估系统，并以农产品流通核心环节的业务流为基础，面向供应链上下游企业与银行合作开展集中授信和配套金融服务的匹配设计，向上游可延伸至农产品生产者和加工商，向下游可延伸至经销商和物流商等，从而为各融资主体提供融资服务，并提高资金运行的流畅程度。

（2）核心龙头企业是农产品供应链融资活动顺利运行的保障。稳定经营的龙头企业拥有较高的资信水平，在参与供应链融资活动时，将其资信在供应链链条的上下游进行延伸，提高农产品供应链整体融资能力。

（3）位于传统农产品供应链末端的上游生产者和下游经销商在农产品供应链融资活动中获益最大。一方面长期受困的贷款问题能够得以很好地解决；另一方面，与核心企业的业务联系得到增强，收入来源更加稳定。

（4）物流公司在供应链融资活动中扮演着保管被抵押、质押动产的角色。此外，物流公司对供应链上下游企业的生产经营情况比较了解，成为金融机构进行融资活动的重要信息来源。

（5）政府部门以及担保公司则起到保障农产品供应链融资的功能，且对风险的降低、分散转移起到积极作用。由于农业和农产品的自然性质，其价格不时波动。政府设立专门的资金，完善基础设施，给融资主体提供一定的保障，在提高农业生产水平的同时，提高农业供应链融资体系的稳定性和安全性。担保公司的存在可以降低银行和企业的损失金额和风险，分散贷款风险。

7.2 产融结合供应链流通融资机制创新

产融结合供应链融资机制是指充分发挥产业电子商务平台在供应链数据整合，打通上下游业务链条商流、物流、资金流与信息流等流通要素方面的优势，与融资机构紧密合作，建立供应链金融服务与产业活动深度融合的融资机制。具体来说，可以在农产品流通的不同阶段设计和提供预付款融资、动产质押融资、应收账款融资等不同的金融服务。

7.2.1 采购阶段农产品供应链融资——预付账款融资

在采购阶段，下游买家的付款时间受强势上游供应商的影响较大。供应商商品价格的波动也会造成下游买家资金流动的巨大缺口。具体业务流程如表 7-1 所示。

表 7-1 预付账款融资业务流程表

	业务流程	业务单据
01	中小企业（农产品经销商）与核心企业（上游农产品生产供应商）达成专门用于支付购货款项的购销合同，并协商好农产品经销商的贷款申请业务	购销合同
02	中小企业（农产品经销商）向金融机构申请仓单质押贷款	仓单质押合同

续表

	业务流程	业务单据
03	金融机构审查核心企业（上游农产品生产供应商）资信状况和回购能力，审核通过后，与核心企业签订回购协议和质量保证协议	借款人经营时间以及企业经营状况； 信用履约、诉讼、外部融资、担保等情况； 借款人多年来的采购状况、采购规模及与上游的多年合作情况； 注销应收账款质押合同
04	金融机构与物流公司签署仓储监管协议	仓储监管协议
05	核心企业（农产品上游供应商）在收到金融机构批准中心企业融资通知书后，将货物送到金融机构指定的仓库，取得仓单，交给金融机构	融资通知书
06	金融机构收到仓单后向核心企业（上游农产品生产供应商）提供贷款	贷款发放证明
07	中小企业（农产品经销商）支付保证金后，金融机构释放相应比例的提货权，物流企业释放相应金额的货物	货物出库单

农产品经销商依靠核心企业的信用，可以提前提取农产品，缓解全额支付资金的压力，但需要提前向金融机构支付保证金。经销商集中和批量采购价格比较优惠，因此降低了成本。预付账款融资模式中，金融机构则以核心企业为突破口，增加优质下游小微客户数量，在受益的同时遵守政策法规要求。锁定借款人的经营代理权，将贷款资金委托给上游的核心企业，大大降低了信用风险，实现了多方共赢。

7.2.2 运营阶段农产品供应链融资——动产质押融资

动产质押融资模式的农产品供应链将物流和金融服务以及仓储服务有机结合，可有效完成物流、信息流和现金流的交互、组合和集成管理，是一种创新的综合金融服务模式，以满足服务开发、资源优化以及对提高农产品供应链整体绩效的要求，并对提高农产品供应链竞争力起到重要作用。其具体业务流程如表 7-2 所示。

表 7-2 动产质押融资业务流程表

序号	业务流程
01	中小企业向金融机构申请动产质押贷款
02	物流企业评估中小企业动产价值
03	物流企业向金融机构提供评估结果
04	金融机构分别与中小企业、核心企业和物流企业签订动产质押合同、回购协议和仓库监管协议
05	中小企业将其动产移交给物流企业
06	物流企业验收动产，向金融机构发放通知
07	金融机构为中小企业发放贷款

动产质押业务是金融机构以借款人的动产为抵押向借款人提供贷款服务的信贷业务。通过动产质押融资，可以将农业经营主体不用的库存盘活，大大缓解农业供应链上下游企业的资金短缺问题。

7.2.3 销售阶段农产品供应链融资——应收账款融资

在销售阶段，如果买方实力较强，货款回收期可能会延长，这可能会导致流动资金短缺。应收账款融资模式是指融资主体把赊销项下未到期的应收款项转给银行，银行提供融资服务。一般应收账款融资适用于中小企业。金融机构在为融资企业贷款之前，还需要做好企业风险评估工作。除了中小企业的信用评估外，还关注供应链偿还能力、交易风险和供应链的总体状况。其具体业务流程如表 7-3 所示。

表 7-3 应收账款融资业务流程

序号	业务流程
01	中小企业（上游农产品生产商、加工商、销货商）与核心企业（下游农产品加工商、经销商、购货方）交易货物
02	核心企业向中小企业发放应收账款单据
03	中小企业向金融机构提出质押贷款申请
04	核心企业向金融机构出具应收账款单据证明和付款承诺书
05	金融机构为中心企业提供贷款
06	中小企业利用贷款购买原材料和其他生产要素
07	核心企业进行产品销售并收到货款
08	核心企业向融资企业在金融机构指定的账户支付预付款
09	注销应收账款质押合同

应收账款融资又叫订单融资，为了解决未来农产品销售的问题，农产品生产者或加工商往往会提前与下游企业签订相关订单，同时按照市场情况安排生产和资金。农业生产供应商为了满足订单要求的交货要求，会通过整合资源和批量生产来实现生产加工目标。此外，订单生产对农产品生产加工全过程的跟踪、农产品追溯系统具有重要作用。就金融机构而言，订单融资是一种根据农业生产者或农业加工商应收账款的融资产品，贷款目的明晰，还款来源安全可靠，资金闭环运作，发放的所有贷款委托给上游交易对手银行账户，所有的还款资金都从完成订单的销售收入中获取。

7.3 产融结合供应链流通融资风险与控制

7.3.1 农产品供应链金融风险

农产品供应链的金融风险是指上下游企业及各参与方的物流、商流、资金流和信息流的预期运行与实际情况存在差异，从而使提供融资的企业面临着不确定性损失。农产品供应链的金融风险因素包括信贷风险、供应链操作风险、担保风险、技术风险和监管风险。供应链金融的信用风险与传统的信用风险不同，一方面需要考察授信企业的个体状况，另一方面还要对供应链上所有参与者的状况及其协同合作的情况有全面把握。

7.3.1.1 资信风险

资信风险是指因借款人的资质和信用而引起的风险。与传统质押融资业务相比，农产品供应链金融涉及了更多的参与者，而信用风险主要体现在借贷客户和物流企业的信用风险上。由于农产品质量参差不齐，农业企业的经营方式和发展情况具有很大的不确定性，订单农户的资金和整个供应链端受企业信用和道德影响较大，面临安全风险。第三方物流企业信用风险体现在规模、专业性和责任性上。

7.3.1.2 运行风险

供应链的运行风险是指由供应链的控制程度、协调性和竞争力等因素引起的风险。控制程度是指农贸市场、大型加工企业、龙头企业以及物流中心等农业产业链核心企业对上下游企业的吸引和凝聚力。控制的程度直接关系到运行风险。协调性是指链上企业之间合作的顺利程度。协调性越好，运行风险越低。供应链的竞争优势越大，运行风险越低。

7.3.1.3 质押物风险

质押物风险意思是质押物本身发生变质、市场价值波动、处置渠道顺畅程度与否等因素所产生的不确定性。质押物风险主要体现在三方面。

(1) 农产品质押物的风险

平台选取的农产品质押品种不合理，可能会导致质押进程中的质押发生变化。当市场对农产品抵押物的需求发生变化时，价格会围绕价值发生较大波动，因而造成网络贷款平台的贷款风险。

(2) 物流企业存在监管风险

农产品有自然特性，如自然灾害、病虫害、气候以及流通过程等，会导致质押物的损坏。这种由自然或者人为因素造成的附带损害，使平台和物流企业遭受一定的经济损失风险，称为监管风险。

(3) 网贷平台对质押物价值评估不当存在的市场风险

目前，我国农产品价值评估机制还不完善，该领域的专家相对稀缺，对于一些生长期和生命周期都比较长的农产品，只能通过参考农产品市场的季度价格来确定价格，评估上存在一定难度。若评估价值较高，抵押物的价值很难覆盖贷款本息，最终影响贷款平台融资业务的期望效益。

农产品的特殊性导致质押缓慢、快速恶化的风险加大，金融机构应建立完善的准入机制来对质押物品进行筛选，拒绝接受不符合条件、不符合标准的质押物品。另外，季节性和周期性是农产品生产经营的重要特点。在收获季节许多产品进入市场中，农产品价格降低，质押物的价格随之降低。因此，金融机构有必要建立价格平衡机制。若质押物的价格比标准价格低，融资的客户需要在规定时间内补足质押物，确保质押物价格与标准价格相符合。金融机构需要应对的第二个挑战是对违约的处置，其结果对资金回流的数量有直接的关系，因此金融机构需要拓展融资方式。当违约发生时，为了止损，应及时处置抵押物。

7.3.1.4 技术风险

技术风险是指企业在经营过程中，由于技术水平较低或缺乏所要求的技术水平而产生的风险。与一般存货质押融资业务相比，农产品质押融资业务程序更加复杂，因此对某些环节有更高的技术要求。技术水平低或缺乏会对农产品质押融资业务产生影响。近年来，大数据技术已经被许多行业用来预测产品的未来发展趋势。因此，出现了用户数据资源较为全面的电商平台，如阿里巴巴、京东等。然而，在早期，当大数据技术应用于中小农户企业信用评估时，电子商务平台在计算中小农户企业未来销售收入时，容易出现信息收集不完全、计算偏差的现象。这在一定程度上也给银行贷款带来了不确定性，对小农企业和银行的发展都产生了负面影响。

7.3.1.5 法规风险

农业供应链金融作为一种新颖商业模式，其监管不完善或缺乏，在经营中存在以下风险：质押物权属不明造成的法律风险、仓单格式不一致造成的假造风险、业务实施不规范产生的风险和业务经营无法可依产生的风险等。经济调控对农产品销售有较大影响，经济环境较好时，企业实现盈利，其成长迅速；经济形势欠佳时，企业资金周转困难，甚至面临倒闭风险。法规风险和经济环境是系统性风险的重要组成部分，农产品供应链融资无法规避这种风险。

7.3.2 供应链流通融资风险控制

7.3.2.1 控制资信风险

（1）借款客户资信风险控制

首先，在进行平台选择时，用户应首先选择基础条件优秀、信誉好且掌握农产品信息较为全面的平台。其次，平台在选择农产品时，也要根据农户或者企业的信誉进行选择。信誉高的企业往往能为农产品提供质量保证。再次，合理分配供应链各成员的利益，完善供应链融资的监督机制。建立关于农民、中小企业、售前平台和订单用户的信息共享平台，使得供应链中的每一个参与者及时掌握农产品市场价格和资金的使用情况，确保供应链融资的稳定和安全性。最后，金融机构建立良好的关于农民和小型企业信用评价机制，在参考农民和小型企业历史违约概率和违约损失率的基础上，计算贷款额度、贷款风险成本，扩大利润空间。

（2）物流企业资信风险控制

①第三方物流应不断完善自身的运输条件、存储条件、检测设备和信息平台等，提高自身的专业能力，使体现专业性的资源整合和方案优化能力不断提升。

②内部组织要不断完善权责分明机制，努力实现政府指令的顺畅有效沟通。

③加强培养人才的专业水平和责任，确保人才敬业、勤勉。

7.3.2.2 控制供应链运行风险

控制供应链运行风险应保证链条内部信息共享平台的信息互通，金融机构不仅要关注借贷企业的生产经营，更要关注整个产业链的运作，尤其是核心企业的生产经营。因此，供应链的高效运行可大幅度降低风险，而信息在供应链中是否能够顺畅流动很大程度上决定了供应链能够顺利运行。

（1）建立信息共享机制，使供应链各方及时掌握农产品价值区间、市场价格和款项运用情况。

（2）建立业务参与者，特别是金融机构、第三方物流和核心企业之间的信息共享平台，保持信息传递的畅通。

7.3.2.3 控制质押物风险

（1）加强对农产品的筛选

农产品与众多行业有联系。在对农户或小农企业生产的农产品进行审查时，应将市场需求大、价格波动小、易于储存、自然干扰性小的质押产品作为首选。正确设置质押标准体系，严格执行质押标准。与标准不相符合的，不应选作质押对象。针对农产品在质押销售渠道存在的风险，金融机构及物流企业应确保信息顺畅，努力拓展新的销售渠道。

（2）健全农产品质押物风险识别系统

首先，必须建立有效的风险识别体系。应督促第三方物流企业加大安防投入力度，健全监管机制，对农产品质押过程中可能产生的风险进行预测，并从整体上分析风险的后果，规避因质押农产品毁损、被盗等情况带来的损失。其次，应建立网络借贷平台、物流企业和小农企业之间的信息共享和风险收益共享体系。小农企业质押的农产品要清晰、便于保存；同时，物流企业、网络借贷平台应加强日常管理，遇到突发事件能及时妥善处理。

（3）完善农产品质押物价值评估体系

提升检测设备的更新速度，促进老旧检测设备更新换代，密切关注质押物价格波动和市场行情，培养质押价值评估技术人员，完善质押物价值评估系统。另外，也要不断对农产品市场信息尤其是供求关系信息进行收集与整合，降低市场方面对农产品抵押物的干扰。

7.3.2.4　控制技术风险

（1）增加控制技术风险的投入力度。例如，通过购买专业化的价格波动观察设备、价值评估设备、仓库监控设备、变质或灭失检测设备和运输路线优化设备，可以保证更加有效和准确地处置业务。

（2）多与同行学习交流，不断积累经验和完善管理与沟通机制等。

（3）电子商务平台应进一步增强大数据集成能力，扩大与各类组织的大数据共享。为了减少预测误差，可以借鉴新的网络工具，构建“智多星”等大数据平台，提升大数据系统的预测能力，并加大投入对大数据方面人才的培养。

7.3.2.5　控制法规风险

（1）积极探索供应链金融发展相关产业的扶持政策。国家颁布了一系列有关具体财政政策的法律法规。各种法律法规的认真执行会对供应链金融起到很好的制约效果。迄今为止，我国已经出台包括《担保法》和《银行法》在内的相关法律。

（2）对经营中出现的新情况、新做法，制定或者完善有关法律规定。

（3）国家和其他行政机关应加强对中小农民企业失信行为的处罚，完善征信制度。在法律层面上督促融资主体自觉规范其行为，进而降低银行等金融机构的损失。

第 8 章　建立基于物流联盟的供应链仓储与物流配送机制

［内容提要］围绕新型现代农产品流通供应链，从供应链流通物流机制创新的视角展开分析。第一，分析物流联盟的定义、特征与优势；第二，分析物流联盟的形成机理；第三，分析物流联盟的本质与竞争力；第四，阐述基于物流联盟的仓储与物流配送机制创新的内涵与实现路径。

8.1　物流联盟的定义、特征与优势

8.1.1　物流联盟的定义与特征

物流联盟是 20 世纪 70 年代起随着信息技术的发展，在第三方物流基础上兴起的一种新型物流组织合作形式。《物流联盟研究》一书将其定义为：“物流联盟是为了达到比单独从事物流活动所取得的更好效果，企业间形成的相互信任、共担风险、共享收益的物流伙伴关系。”

物流联盟是一种节约交易费用的制度安排。在市场中，企业行为介于自身利益最大与共同利益最大之间。随着平台经济的发展，对商流、物流、资金流以及信息流的整合，成为各个平台竞争的关键因素。其中，在物流方面，平台通过与第三方物流企业建立契约关系或建立自己的物流组织形成中间组织进行要素的流通。物流联盟的特征包括以下四方面。

8.1.1.1　伙伴相互依赖

物流联盟中的个体通过信息技术来连接，各个个体之间存在依赖性。

8.1.1.2　核心专业化

规模经济的出现在一定程度上催生了物流业的利润，物流服务业利润与规模经济的利益息息相关，并且物流业极易受到规模经济的影响，要想持续发展必须存在核心竞争力。

8.1.1.3　服务竞争力凸显

物流商作为第三方服务商，与供应商、生产商不同，其目标是承担仓储、运输、配送等服务，行业竞争力主要体现在提供物流服务的能力上。

8.1.1.4　强调合作

在数字经济兴起的时代背景下，物流企业一枝独秀显然不能适应时代发展。一个优秀的物流企业需要与时俱进、寻求合作、强强联手才会更强，物流行业要发展壮大必定要联合相关平台，拥有长期且稳定的业务。

8.1.2 物流联盟的优势

8.1.2.1 有利于实现利润最大化

物流联盟的成立将物流企业连接在一起，扩大服务规模，企业之间可以共享基础设施，降低服务成本，提高服务效率，实现利润最大化。

8.1.2.2 有利于资源共享

物流联盟的成立对于一些中小规模的物流企业，可以有效解决资源以及能力上的不足；同时，可以减少物流企业间因竞争而导致的额外损失，实现共赢。通过联盟，企业之间成为利益共同体，可以取长补短，提高自身实力。企业之间实现资源共享，扩大了服务范围，可以有效整合各方资源，以最优的资源配给实现联盟利益最大化。

8.1.2.3 有利于提升企业竞争力

物流联盟的存在有助于实现资源转移，实现资源利用最大化；由于优势企业联合，扩大了服务规模，有利于实现规模经济，获得规模效益，不断提升企业的竞争力。

8.2 物流联盟的形成机理

8.2.1 物流联盟形成的基础

物流联盟的本质是通过合作实现共赢，合作的基础是信任，建立物流联盟的基础是参与者要相互信任，信任是合作达成的首要条件。曾经有学者提出选择合作伙伴时应坚持“3C”原则，即兼容性、能力和承诺。这一标准的科学性后来被很多国际联盟的成功实践所证实。

在一段长期、稳定的合作关系中，规章制度的建立显得尤为重要，尤其是利益分配机制，通过制度、规则来制约组织成员，规范成员行为。要协调各个成员的利益，不能完全靠规章制度，这是一种强制行为，并且在执行过程中容易出现分歧，搭便车偷懒、地域分散导致难以监控、市场环境变化难以适应等问题，联盟的维持还要有共同的理念、目标这样的软约束来维持，使组织成员有共同的目标、尽其所能一起创造更大的利润，实现共赢。

各个组织成员合作的前期投入较大、风险较高，为了减少沉没成本的投入，各个成员要有相关物流基础，拥有相关基础设施、财力、人力或技术等要素，在合作中要实现信息与知识的共享，强化信任机制。

8.2.2 物流联盟形成的关键

物流联盟形成的关键是掌握物流信息，追踪各个物流环节的数据信息，主要表现在以下三方面。

8.2.2.1 全物流环节电子化

在物流业各环节采用电子化操作，将电子信息技术植入物流各个环节中，对物流随时实施监控。

8.2.2.2 全物流数据整合化

以电子信息技术手段为技术基础，掌握与物流相关的各项数据，将其与商流、资金流以及信息流结合在一起，形成闭环，提高物流效率和服务。

8.2.2.3 全物流信息共享化

通过开发电子商务平台，打通流通节点，将物流企业、生产企业、销售企业等流通主体联结在一起，实现商业的大融合与信息共享。

8.2.3 建立物流联盟的具体措施

8.2.3.1 加强信息化水平的建设，打通信息渠道，实现信息共享

信息化是物流联盟建设的基础，保证合作伙伴进行沟通，有效对异地物流进行实时监控并掌握物流信息。在联盟成员间建立高效的信息网络，对联盟的有效运作具有非常重要的意义。联盟成员如果缺乏充分的信息交流，将难以从整体上充分利用联盟的资源优势。只有在保持各自特色与功能、又将各成员统一在相互关联的网络体系中，联盟的协同效应才能显示出来，联盟的凝聚力才会不断增强。

8.2.3.2 平衡各个成员之间的关系，紧密协调配合，保护合作伙伴的利益

制定合作章程，确保每个合作伙伴得到应得的利益，维持长期且稳定的合作关系。

8.2.3.3 增强联盟组织的活力

增加战略联盟的柔性，提高联盟组合的灵活性，使组织能够对多变的市场环境快速做出反应，不断变革与创新。

8.2.3.4 建立联盟内部评价审核机制

建立联盟内部评价审核机制，完善各种内部机制，加强联盟内部的

合作交流，及时发现问题并纠正，用科学的手段进行评价。

8.3 物流联盟的本质和竞争力

8.3.1 物流联盟的本质

物流联盟本质上是物流企业为了实现规模经济，通过优势互补的手段进行的一种联合，目的是降低成本，使利润最大化。

企业间通过物流进行战略联盟，是一些各具特色的物流企业进行优势互补达成的长期合作关系。在交易主体上，物流企业通过联盟，各个组织成员发挥自己的核心能力，发展良好的合作关系，各自履行相应的责任与义务，联盟的建立，有助于企业之间相互学习，取长补短，提高成员的经营能力，有效避免了因同行业相互竞争而造成的无谓损失，降低了交易成本；在交易过程中，联盟的成立有助于信息的传递，联盟实现信息共享，降低了信息成本，在寻求交易伙伴中降低了信息搜寻成本，提高了交易效率；在交易费用上，联盟的成立意味着前期投入的成本较高，若联盟持续时间短很可能会造成亏损，所以合作关系的持续性具有一定意义。

8.3.2 物流联盟的竞争力

物流联盟的竞争力包括制度上和组织上的竞争力。首先，企业制度影响着企业的资源配置与企业的发展。企业制度的表现并不是以产权交换为特征，而是以产权共享甚至多数情况下以无产权交换为特征，它是一种制度供给。物流联盟其制度上的竞争力表现为：为联盟企业提供了较大的发展平台，为合作提供了保障；其次，物流联盟组织上的竞争力表现为联盟成员之间通过利益联系在一起，联盟给予成员相互学习的机会，并且联盟的柔性，使得企业可以准确识别市场，快速做出反应，因而有助于企业识别市场，把握机遇，提高其核心竞争力。

8.4 基于物流联盟的供应链仓储与物流配送机制创新

8.4.1 创新内容

即指农产品电商平台企业以物流联盟的方式搭建云仓储与物流配送平台，吸引相关的仓储企业、物流企业入驻，实现数据对接，以就近配送为原则有效整合区域范围内储力资源和运力资源。

“云仓储”是利用互联网计算手段，以大数据为基础建立的仓储模式。在公司的总部建立信息系统进行监控，在全国范围内建立分仓，总部可实现远程监控。这种以互联网为主要技术手段的全新仓储模式，主要以信息平台为依据，简单快速地实现资源分配，节省社会资源，提高物流配送效率。

8.4.2 实现路径

8.4.2.1 建立实体分仓，实现就近配送

在区域特色农产品产地或分销地建立实体分仓，并对仓库信息、物流配送信息等实行联网，在区域范围内共享储力资源与运力资源，实现

货物的就近配送。例如，顾客下单，根据收货地址可以选择就近的仓库发出；若顾客退货，可以先寄存在就近仓库，等该地区或邻近地区的顾客再次购买可以再发出，这样的物流模式可以减少周转次数，节省物流成本。

8.4.2.2 完善社会化信息系统，实现货物信息共享

电商企业联合在一起，运用云技术的手段，掌握全国物流信息，实现资源共享，降低由信息不对称带来的损失。通过建立信息共享机制，联盟企业相互合作，减少物流成本。

8.4.2.3 解决“云仓储”问题，建立新的仓储配送体系

“云仓储”的基本问题主要包括仓库选址、仓库数量及规模、库存决策等。

电商企业根据各销售网点物流配送需求，测算出各个需求点之间的需求流量，从而测算出各个需求点的需求量，以此为依据建设一定数量的配送中心；在确定仓库的规模时，要考虑消费者的消费习惯以及以往交易信息，选择合理的库存量。这样数字化的选择能够缩减物流成本，提高经济效益。

8.4.2.4 整合物流企业，形成物流联盟

通过搭建“云仓储”平台，吸引大量仓储企业或第三方物流企业集中到平台上，平台通过制定相关的激励、评估制度，优胜劣汰，提高平台及物流服务能力，实现共赢。

8.4.2.5 加快物流网络建设，形成区域配送网络

政府作为市场中“有形的手”，通过对相关基础设施的投入，加大

对物流通道的建设，监督和完善市场运行。在互联网的规范和完善上，应增加投入，打通信息通道，使各区域之间畅通无阻。

8.4.3 创新意义

物流联盟的成立是对物流行业的一次大变革，是社会发展到一定阶段所必须面对的。物流联盟整合了上下游产业，改变了物流行业小、散、乱的格局。联盟的出现扩大了物流行业的规模，使其朝着一个专业化、规范化的方向发展。物流联盟也会随着专业的不同、需求的不同、信息平台的进步而分化出众多的分支，比如动态物流联盟、虚拟物流联盟、跨境物流联盟、横向一体化联盟及纵向一体化联盟等，并且不同行业，物流联盟成立的方式不同。随着互联网技术的发展，各个行业都在变革，流通领域的发展也在与时俱进，朝着一个更加现代化、更加高效的方向发展。基于物流联盟的电商云仓储与物流配送机制的形成将对电商企业及物流行业产生积极的影响，主要表现有以下五方面。

8.4.3.1 显著节约物流成本

一是仓储物流的建设，在配送中的就近原则可以有效节省物流成本；二是通过整合资源，减少了成本的投入。

8.4.3.2 提升企业形象

一是通过信息技术手段，可以提升物流服务效率，能够被认可；二是通过各方资源的整合，能够精确寻找到客户，提升企业服务能力。

8.4.3.3 有效整合资源

一是通过设立各个仓储，有利于利用闲散资源，降低物流成本；二是联盟的建立是各个成员风险共担的，降低了自建风险，并且自身可以把控局面；三是整合资源，减少浪费。

8.4.3.4 开辟物流行业新局面

一是参与物流联盟的企业走上了规模经济之路；二是物流行业进行重组，优胜劣汰，实现产业升级。

8.4.3.5 快速响应客户需求

一是分仓的建立加快了物流速度，实现快速响应；二是各个分仓、物流路线都是通过信息技术进行精确计算的，确保了配送效率；三是利用信息技术手段进行资源分配，节省了人力、物力成本。

第9章　建立基于大数据、区块链的信息共享与风险控制机制

［**内容提要**］围绕新型现代农产品流通供应链，从供应链流通信息机制创新的视角展开分析。首先，阐述供应链流通信息共享与风险控制机制的内涵；其次，分析基于大数据的供应链流通信息共享机制建构的内容与作用；最后，分析建立基于区块链的供应链风险控制机制的主要内容。

9.1　供应链流通信息共享与风险控制机制的内涵

供应链流通信息共享与风险控制机制建构是指一方面通过开发信息共享平台，有效采集农产品流通供应链各环节的参与主体，包括生产供应商、贸易销售商、融资商、物流商等之间的信息数据，使信息交换与共享成为可能；另一方面，通过区块同盟链技术，在分散的农产品供应链参与主体间快速、简便地建立起信任联系，通过制定区块同盟链法则及区块链参与主体信用评级，有效控制和规避供应链信用风险。

9.2 建立基于大数据的供应链流通信息共享机制

9.2.1 建构内容

农产品产业生态供应链本质上是一个包含了从农产品生产、供应开始，经过现代商品交易活动，对接最优化仓储、物流配送方案，最后送达消费者的涉及供应链各节点活动的一个供需网络。基于大数据的流通信息数据共享机制是指依托信息技术平台，合作联盟通过在产地派驻产品经理进行产品信息收集、农业生产的指导以及安排配送，形成特色农产品产地直供模式；在销地建立区域分销网点和体验店，将消费者需求直接快速地反映至农户生产端，建立以订单为驱动的产品销售模式。具体来说，合作联盟的主要功能单位为收购部门、物流协调部门和驻销售地办事处；而信息系统平台主要功能模块为供应模块、交易模块、物流模块和需求模块。其信息数据共享与整合流程如下：一是联盟各功能单位负责收集相关基础信息，即收购部门将农户的供应信息录入信息平台的供应模块，或由产品经理协助农户通过信息平台的网络开放性功能自主录入供应的产品信息；联盟物流协调部门负责与物流商进行接洽，收集物流商相关信息；分销地办事处主要负责将收集到的客户信息录入信息系统平台，或由客户自行录入需求信息。二是通过统一的信息系统平台，数据面向联盟组织各个部门开放，供需信息进行匹配，并针对供需关系对物流运力进行优化计算，形成物流配送方案。三是经过供需信息收集、供需信息匹配和物流信息收集整合三个环节，形成了信息流的流动，实现信息公开和共享。四是经过收购农户产品、物流组织配送和销售产品三个环节形成了产品流的流动，实现物流成本的降低。五是经过客户购买、物流支付、收购支付三个环节完成资金流的流动，实现交易成本的降低。

该供需系统以订单为驱动，即消费者根据电子商务平台提供的供货信息及需求偏好下订单；农户负责产品的自然生产，保障每件产品的生产过程符合自然规律；同时农户为产品售卖方，有议价权，并对产品生产质量负责；合作联盟则根据城乡居民的聚集程度建立城乡居民聚集区的网络体验店，该网店以体验、展示、提货、培训、技术咨询等功能为主。

9.2.2 建立信息数据共享机制的主要作用

特色农产品新型流通渠道模式中，农户与农户、农户与合作社、合作社与物流公司、合作社与消费客户等之间存在着诸多联系，因此构建信息共享机制非常必要，以保障各主体之间的信息流动。加强信息共享可以有效打破各个环节的资源垄断，缓解各个环节信息不对称的程度，有效提升其运行效果。

首先，通过数据共享能够打破流通各环节的信息壁垒，全面提高农业资源利用率。信息数据共享机制的基础应用系统主要包括数据的共享可视化分析、监测预警以及服务于生产流通的与政府的涉农决策相关的各种应用系统，这些应用场景会产生大量的数据，可以去采集这些及时准确的数据，有助于缓解各个环节信息不对称的程度，提升农产品流通运行的效率。

其次，通过数据共享为其他第三方数据服务公司提供大数据信息，为数据提供者创造经济效益。大数据平台可以运用区块链技术将农产品供应链各环节记录下来，存储在数据云空间里，这个空间是公共开放的，从而实现信息数据的共建共享。例如，短视频平台，在信息数据共享机制的作用下，可以根据消费者的喜好精准地为其推送感兴趣的视频，如果是农产品之类的消费者还可以详细地了解到农产品的直供点，在这些视频中一般会包含购买链接，直接跳转到电商平台进行购买。这样就通过数据共享为第三方平台提供了大数据信息，为数据提供者创造经济效益的同时也便利了消费者，节省了挑选时间，使得社会服务互利共享。

最后，通过信息共享提高物流供应链信息化水平。农产品和普通的产品不同，具有保存周期短、价格波动率高等特点，在传统的农产品物流供应链管理过程中，顶端的供应链主体即农户，农户为了尽可能地提高个人收益，一般不会和其他农户进行信息共享和协作，在一定程度上限制了信息的流转，从而为后期的农产品交易埋下了隐患。农产品物流产业的中端大多数都是一些物流公司，这类公司的主营业务不仅仅是农产品的物流供应，同时也覆盖其他业务，由此导致中端的物流企业供应链管理水平不足，供应链前期存在的问题都会在末端的农产品物流产业供应链管理中一一暴露出来，从而大幅降低农产品物流供应效率，降低收益。

9.3 建立基于区块链的供应链流通风险控制机制

9.3.1 区块链技术的主要内容

区块链的概念源自比特币，在2008年，由中本聪（Satoshi Nakamoto）在《比特币白皮书：一种点对点的电子现金系统》中提出，“十三五”规划的通知中首次提及区块链并提出要加强基础研发和前沿布局，国家的重视加上区块链本身的优势，“农业+区块链”或将展现出巨大的发展潜力，有望推动行业的深刻变革。近年来，区块链技术以其去中心化、不可篡改、开放透明、机器自治、可匿名等特性，被广泛用于管理和保障各行业数据的安全，如银行、财政财务管理、农产品和商品供应链管理、食品安全、医疗健康管理、社会公益等。区块链技术可以有效地简化行业中的业务流程、降低业务成本、提高协同效率，在保证数据真实性、完整性的前提下促进数据共享，建设可信体系等方面都发挥了重要作用。在学术研究领域，区块链技术还可以被定义为一种文件档案管理技术，作为可信文件保存的理论评估框架，对电子文件进行准确、可靠、长期的保存。随后，勒米厄（Lemieux）等人利用网络（web）原理和技术建立一种区块链记录事务数据模型，有效解决了缺失记录相关数据及档案之间的关联性问题。在农业领域中，基于区块链文件档案管理技术的特征十分切合农产品供应链中农产品生产、运输、消费等相关方信息的管理需求，在保障农产品供应链数据库中的信息数据安全、可信、稳定、可溯源、信息共享、大吞吐量等方面具有突出优点。

针对我国农产品供应链中信息数据存储管理能力弱，被窃取、篡改、删除和信息不一致等问题，通过引入区块链技术，可以构建能够衔接农产品生产、运输、消费等相关方在区块链账本上共同记录票据信息和交易信息的农产品供应链数据管理系统。该系统通过结合区块链去中心化、不可篡改、开放透明、机器自治、可匿名的特性，构建一种面向农产品供应链中农产品生产管理、运输记录、消费者信用管理、农户—消费者交易服务的大型异构信息数据的安全管理方法与机制，新型供应链的发展模式极大地促进了供应链向完全透明化的方向发展，不仅让相关企业获得信息、作出决策，而且消费者也可以追溯农产品从原材料到成品的全过程，实现经销商与消费者的互信，进而增强企业的品牌效应。

9.3.2　建构基于区块链的供应链风险控制机制

根据数据的共享程度，区块链可以分为公有链、私有链及联盟链三种。公有链面向所有人开放，参与者无需被授权，任何个人都可以在公有链上发送数据或者读取数据，并且能够获得有效确认。私有链则是完全属于个人或者某个组织私有的区块链，数据写入权限完全掌控在个人或者该组织手中。联盟链由若干彼此相关的组织共同参与和管理，每个组织控制其中一个或者几个节点，这些组织通过数据来实现信息共享和操作交易，并非对所有人开放。

目前正在广泛使用的主流区块链的实现方式有以太坊和超级账本。其中，以太坊属于公有链，数据保密性不强；超级账本属于联盟链，数据安全性高。联盟链不涉及数字货币的发行和炒作行为，可控性更强，数据和交易处理能力更强，更适合在实体产业中应用。其在农产品流通组织安全、交易安全、融资安全、物流配送安全等方面发挥着重要作用。

9.3.2.1 区块链在农产品流通组织安全方面的作用

基于区块链的农产品供应链数据管理系统可以通过直接对底层供应链数据库中的信息数据和交易原生数据进行管理，来实现各类型农业生产经营参与主体用户的行为记录和数据备份，以事务日志的形式存储在农产品供应链数据库中。创建农产品供应链中农产品生产管理、运输记录、消费者信用管理、农户—消费者交易服务的大型异构信息数据库，在事务日志中记录对数据库所做的所有操作，在农产品供应区块链数据管理系统发生故障时帮助事务进行恢复，且支持事务复制备份到数据库。

一般情况下，主要依据农副产品的种类、产地、性质进行编码，然后再利用大数据系统上传编码。只要是参与到农产品物流产业中的主体，都要结合实际情况实时上传管理信息。

9.3.2.2 区块链在农产品流通交易安全方面的作用

在传统的农产品流通过程中，各环节参与主体繁多、流转复杂，信息数据极易丢失，但是在农产品流通追溯体系建设中，更严重的问题是流通过程中的交易信息被篡改，而运用区块同盟链技术可以全面、准确、及时地保存交易信息且保护其不被篡改。区块链的核心就是为安全信息建立共识基础，依靠数据库的技术方案，通过分散和无信任的方法共同维护交易信息，不必去担心节点被恶意篡改。

具体而言，可以利用区块链技术搭建一个基于智能合约的包括农户、加工商、分销商、物流公司及终端消费者在内的同盟链，实现商品流与资金流的同步，允许农产品流通各环节大的相关企业或参与者共同参与和管理，将流通过程中各应用场景产生的信息数据完整上链，买卖双方的货币资产数字化到区块，每个块包含一段时间内系统中发生的所有交易数据，通过创建数字识别机制，使用不同密钥加密解密，用来验证信息的有效性并与下一个块连接，既实现了信息数据共享，又保障了农产品流通过程中的交易安全。利用区块链技术，可以构建新型农产品流通体系，实现信息数据共享机制，且能有效降低农产品供应链成本，提高转运效率，改变现在信息极不对称、流通体系极不健全的现状。通过推广该技术，各交易环节的相关参与主体可在统一的区块链平台上实时查看交易状态，促使该链条将资金信息流与货物流都记录在链上不可篡改；同时，实现了农产品流通信息的真实性与可追溯性。总之，应用区块链技术可保障流通过程中信息记录的完整性、真实性，也可保证交易用户随时通过应用查询到流通信息。

9.3.2.3　区块链在农产品流通融资安全方面的作用

区块链技术可以有效解决农产品流通过程中的融资安全问题。首先，能够明晰借款人真实的经营状况，在这种模式下，融资的农产品流通企业资质、销售合同、订单规模及往来流水等信息将会被上链，上链信息越多，银行越能清晰地看到借款方的真实经营状况，准确掌握农产品供应链上包括生产、物流、销售等节点的信息数据，越有利于减少流通企业融资后履约难等现象。其次，通过搭建区块同盟链，银行等金融机构作为区块链上独立的节点，可以查询到农产品供应链各环节的合同及详细的约束条款，根据借款方的应收账款、往来借款还款等确认履约情况，来确保银行的资金安全，这种模式下，银行可以直接给借款人放贷款，无须再抵押和担保，既提高了农产品流通中融资企业的融资效率，也确保了银行的融资安全。最后，监管机构可以以超级节点的身份进入农产品流通主体融资征信区块链，无须再次重复收集、存储、协调、汇总数据，从而提高监管审核流程的速度和质量，更好地发挥监管的作用。在区块链内部，农产品流通主体、金融机构、保险企业、质检部门等利益相关方对拟抵押设备、货物、订单、应收账款等的权属状态达成共识，形成不可篡改的共享账本信息，为各方创造可相互信任的环境。

9.3.2.4 区块链在农产品流通物流配送安全方面的作用

农产品和其他产品存在很大差距，农产品具有附加值高、保存周期短、可回收性低等特征，为了保障农产品的质量和销量，采用利用先进的区块链技术来构建一物一码的供应链物流管理机制。当前，以区块链技术为核心的农产品物流信息化平台被称为“大智移云”技术，该技术主要依托大数据和区块链节点模式来推动农产品物流生态网络的建设发展。该技术是对传统供应链技术的一次创新。在进行农产品物流的过程中，大智移云技术可以借助区块链技术对农产品供应链链条上的各类信息进行分析，并通过大数据分析出该农产品在物流供应某一环节中存在的问题。通过深度挖掘问题，可以有效规避不同供应主体的责任风险，从而帮助供应主体形成更加密切的合作关系。在该技术和区块链技术的推动下，农产品物流产业被分为独立的智能化物流单元，在每个单元之中，都有特定的信息，包含农产品的生产地、源头、中间供应商以及物流供应企业，在一定程度上提高了农产品的品质。此外，将云计算技术和区块链技术加以融合，不仅可缩短农产品的物流时间，同时也可以保障农产品的质量和品质。

第10章　建立基于订单驱动的供应链流通一体化机制

［**内容提要**］围绕新型现代农产品流通供应链，从供应链流通一体化视角展开分析。首先，分析基于订单驱动的农产品流通供应链一体化的内涵；其次，对基于订单驱动的供应链流通一体化特征进行分析；最后，分析实现供应链流通一体化机制的主要作用。

10.1　基于订单驱动的供应链流通一体化的内涵

基于订单驱动的农产品流通供应链一体化主要指依托区域特色农产品电子现货交易与服务平台，通过平台贸易实现产、贸、消对接，运用大数据解决信息不对称的问题，通过信息流的传递打通市场贸易、质检、仓储、物流、融资、信息等全产业链流通各个环节。平台作为第三方，为农产品贸易进行担保，提供物流、融资、售后追溯等服务。

农产品流通供应链一体化将农产品生产供应、贸易、仓储、物流、售卖等有机结合形成统一的经济整体，它能够使生产服务流通，流通引导生产，最终达到相互促进、共同发展的目标。供应链一体化的渠道模式，可以使企业之间通过联合形成具有高度组织化的整体，使生产、流通、消费相互促进，共同发展，增强应对市场风险的能力。农产品流通供应链一体化消除了生产与商业之间的对立性，它使得商品的所有制和利益机制进行重新组合，生产者和经营者之间实现“风险共担、利益均沾”。

以产业电商平台为基础的供应链流通一体化包括农产品的种植、生产、加工、贸易、销售等一系列环节，它相较于传统的产销一体化更为复杂，不仅需要对农户、加工企业、物流运输企业等各个主体进行身份识别和认证，还要对平台的系统进行维护，通过互联网电商平台将各个环节联系在一起，使相关主体企业之间的联系更为密切。与传统的农产品产销一体化相比具有全面精准、紧密稳定等特点。

10.2 基于订单驱动的供应链流通一体化特征分析

10.2.1 订单驱动供应链的主要特点

供应链的驱动模式一般分为生产推动型及需求拉动型两种模式，生产推动型供应链是指供应链中的产品生产是根据市场的预测和企业的计划进行的；而需求拉动型供应链是指以预订单的形式收集供应链下游的订单需求，运用大数据精准分析产品需求规模与特点，通过产地的集中采购对接上游生产基地形成供应链闭环。订单驱动供应链实现的一体化流通供应链是一种需求拉动型供应链，其具有以下特点。

10.2.1.1 满足消费者个性化的需求

订单驱动供应链的运作过程是供应链上各个企业集成化、协同化运作，整合社会资源，对多变的市场需求进行快速响应的方式。尽管消费者的需求具有个性化，但并不是完全各不相同，关键是要找出广大消费者定制产品中的个性与共性，通过整体规划，在考虑资源可利用程度的基础上设计不同的生产供应方式。

10.2.1.2 供应链的快速响应

大多数企业产品的交付周期存在“时间缺口”，即企业实际交付产品的时间通常晚于消费者的预期时间。预测驱动供应链中，企业对于市场需求进行预测后组织生产，通过一定的流通渠道，将产品提供给消费者，该种模式下，消费者直接选购产品，能够进行及时消费。在订单驱动供应链中，客户先根据自己的喜好下订单，企业在收到订单后，组织生产、包装和配送。此过程中消费者为了使自己个性化的需求得到满足，需要花费较长的时间。消费者所需等待的时间越长，购买定制化产品的意愿越低。订单处理时间、产品生产时间、产品配送时间是影响供应链能否快速响应的关键。电子商务平台的信息流对于整个供应链的响应速度起着至关重要的决定作用，通过信息的及时传递与实时共享，缩短了各个节点企业的等待时间，有利于各个企业进行协同作业，提高供应链的响应速度。

10.2.1.3 产品生产成本的降低

在订单驱动供应链中，由于产品基于客户的个性化需求进行定制化生产，企业无法发挥规模优势，设备利用率较低。产品的生产成本、加工成本、物流运送成本一般高于普通产品。消费者为了满足个性化的需求，在购买产品时，往往需要支付更高的价格。消费者购买定制产品与普通产品所需支付的价格差距越大时，购买定制化产品的可能性越低。

10.2.1.4 供应链的柔性

各种产品在逐渐更新换代，消费者的个性化需求也在快速发生着变化，这对供应链的柔性提出了要求，供应链上各个节点的企业需要能够对外界市场的变化快速做出反应。消费者的订单要及时传递，保证数据的可见性与准确性。设计多样化的生产计划以应对订单数量的不断变化。增加生产过程柔性、产品柔性、数量柔性、设备柔性、人员技能柔性、组织柔性都是优化订单驱动供应链的方式。

10.2.2 需求拉动型供应链与生产推动型供应链的区别

与生产推动型供应链相比，订单驱动下的需求拉动型供应链在一定程度上解决了信息不对称的问题，有效避免了供给过剩或需求不足的情形。其最大的特点是生产组织根据消费者的真实需求进行生产和销售，而不是进行预测。在理想状态下，完全进行订单驱动的供应链生产组织没有库存，相较于生产驱动供应链，大大降低了库存成本。在该种模式下，供应链的柔性和快速响应是竞争的关键点。消费者的订单信息应及时准确地传达到供应链上的所有企业，各个企业需要优化配置资源，企业之间能够进行快速的协调配合。订单驱动供应链与生产推动供应链的主要区别在于：

第一，订单驱动供应链是基于客户订单进行生产，以高度的信息管理以及各节点企业的协调作为缓冲满足消费者需求。生产驱动供应链是通过对未来市场需求进行预测，进而安排生产计划，以库存商品作为缓冲满足消费者需求。

第二，订单驱动供应链为了满足订单交付需求，产品需要在特定时间内进行，进行小批量、高频次运送。预测驱动供应链，一般采用大批量的运输方式。

第三，在订单驱动供应链中，消费者处于整个供应链的前端，对于产品的生产、设计和配送都具有决定性作用。在预测驱动供应链中，消费者处于整个供应链的末端，只能被动地接受已有产品。

第四，订单驱动供应链需要订单信息能够快速、准确地进行传递，各个企业之间形成紧密的战略合作关系，通过协同运作完成订单的快速交付。生产驱动供应链需要供应链上各个节点的企业保持长期的合作关系。

10.3　实现农产品供应链流通一体化机制的主要作用

实现农产品供应链一体化流通机制的主要作用包括：

（1）农产品供应链一体化流通机制，是将生产与营销相结合，让其成为利益共同体。商品流通部门与市场部门重新整合成为一个流通组织，扩大了组织规模，实现产销一体化，形成市场决定生产的新格局。

（2）在农产品的生产与销售之间的衔接，主要由国家发挥主导力的作用，而农产品供应链一体化的提出将市场的作用发挥到更好，由市场需求决定市场供给，强化了政企互助的合作。

（3）农民生产面临着资金、技术缺乏，信息不对称等问题，农产品产销一体化可以使农民获得来自企业的资金、技术支撑，指导家庭进行专业化生产，使各种生产要素得到优化配置，农民应对市场风险的能力增强，为农产品生产的标准化和规模化奠定了基础。

（4）通过建立以产业电商平台为基础的产销一体化可以平衡市场的供需，协调产销之间的矛盾。通过互联网平台，可实现买卖双方的直接对接，减少交易环节，节省人力、物力等中间成本，扩大交易范围及交易渠道。

（5）供应链一体化的结合有利于新技术和新科技的快速推广，新的科学技术可以更迅速地转化为现实的生产力，同时也有利于农产品品牌的树立。

（6）供应链一体化机制使农产品的流通渠道变短，信息交流变得顺畅与透明。分工协作趋于专业化，交易成本和风险降低，有益于实现规模经济效益。

总之，供应链一体化流通机制支持构建长期稳定的产贸消衔接机制，鼓励农企双方签订长期协议，实现产贸消优势互补、风险利益共担共享，不断加深一体化的程度；支持农户发展新型经营模式、转变发展模式、适应经济大环境，积极带动农户，引导其学习先进的经营模式，扩大生产和经营规模，地方政府发挥带头作用，提高农业生产效率；支持农户或地方打造自己的农产品品牌，结合地方特色，注重品质的把控，发展自己的农业品牌；支持相关标准的出台，对市场进行监督，对农产品的质量、包装标识、物流、零售等环节进行严密的监控；支持仓储、物流等相关基础设施的建设；支持多种途径建设农产品现代化产业电商平台。

第 11 章　区域特色农产品现代流通方式影响因素分析

[内容提要] 基于农产品电商平台用户的调研数据，从商流、物流、资金流与信息流四个维度建立与用户满意度相联系的结构方程与观察变量，对影响区域特色农产品现代流通方式的主要因素进行分类研究、分析与解构。

11.1　研究背景

区域特色农产品现代农产品流通方式本质上是以区域特色农产品流通为对象，以农产品电商平台为载体，通过供应链流通机制创新而实现区域特色农产品全产业链各环节的商流、物流、资金流与信息流的融合创新，并为用户带来最大的消费体验。

近年来对以电商平台为媒介的农产品流通方式的研究逐渐增多。在农产品电商内涵与结构方面，郭娜和刘东英从实操角度对农产品网上交易的 B2B（Business to Business，即企业对企业的电子商务）、B2C

(Business to Customer，即企业对消费者的电子商务)、C2B（Customer to Business，即消费者对企业的电子商务）、C2C（Customer to Customer，即消费者与消费者之间的电子商务）模式进行了总结，分析各种模式发挥最大效能的作用环境；在农产品电商模式构建方面，刘刚（2013年）分析了农民专业合作社在解决农产品流通中存在的小生产与大市场之间的重要作用，并且提出了一些农产品流通的创新模式，包括龙头企业对接模式、直销模式和零售商对接模式；王胜、丁忠兵（2015年）从环境扫描、结构分析、功能分析、演化分析四方面构建了农产品电商生态系统研究的理论框架；在用户体验方面，刘士辉、黄丹枫（2012年）指出生鲜农产品的贸易通过电子商务的模式能够使生产和销售的信息传递更加畅通，农民的销售收入得到提高；王柯等（2014年）一致认为依靠信息技术形成的电子商务对于缩短农产品的流通渠道、降低农产品流通成本方面起到积极作用；在消费者购买意愿影响方面，何德华、韩晓宇等（2013年）通过实证分析得出产品本身的安全、消费者对产品质量的预期以及网络平台的信息丰富度都会对消费者通过网络平台购买农产品产生显著影响。林家宝（2015年）以水果为研究对象，证明了水果质量、物流服务质量、网站设计质量、沟通和信任倾向是影响消费者体验的主要因素，且水果质量的作用程度最为显著。

11.2　基于平台的农产品现代流通方式的用户调查分析

11.2.1　平台用户调查问卷设计（指标选取）

本研究借鉴前人研究成果，基于用户体验，从供应链流通要素“商流、物流、信息流与资金流”四方面建立影响用户满意度的农产品电商平台现代流通方式的结构方程模型，进而从物流服务、销售服务、信息服务、金融服务以及用户满意度五方面来分析、解构影响农产品电商平台现代流通方式实现效果的主要因素，并且基于此来设计问卷中的相关问题。具体变量见表 11-1。

表 11-1　农产品电商平台现代流通方式影响因素变量设置

潜在变量	观察变量	包含要素
物流服务	配送时间	配送时长合理；送达准时性；辐射范围合理
	运输包装	包装洁净、环保；分类运输
	物流信息	信息更新及时、准确
	配送体系	平台类电商配送；O2O（线上到线下）电商物流配送；综合类电商物流配送
	服务态度	送货到指定地点；礼貌用语到位；遇见特殊情况能够及时沟通解决等
销售服务	产品质量	质量有保障；运输损耗较小；平台描述符合实际等
	供求信息	产品介绍详细真实；设置买家评价板块，加大商家与买家间的互动等

续表

潜在变量	观察变量	包含要素
	价格行情	易于区分同类农产品价格分布；提供价格相等但品质较高的产品；能够显示近期农产品价格走势等
	销售方式	采用挂牌、预售、竞拍等多种方式销售
	客户服务	平台客服回复及时；售后服务态度好，能够及时解决产品退换货问题等
信息服务	信息资源共享	信息准确、完整、及时以及易获取；可将产品链接到微信、微博、论坛等多辅助渠道进行销售
	技术支撑	易于搜索，提供个性化服务；页面流畅；各项功能板块齐全；网站设计吸引人
	推广力度	优惠促销活动丰富；能够准确推荐符合消费者喜好的产品；培养农产品知名度，有助于推销自有农产品品牌
	整合需求	可以根据浏览习惯提供同品类农产品；有效整合生产商、销售商以及消费者三者的供需信息，减少流通环节，提高流通效率
	信息网络体系	信息标准化；网站更新是否及时；信息资源共享平台；市场预测；信息交流板块；电子交易结算可追溯系统
金融服务	政策扶持	能够享受一些税费优惠、物流补贴等政策
	金融机构	获得金融机构支持，增加融资方式、融资便利度
	支付结算方式	使用银行转账或微信、支付宝等电子结算方式
	交易结算环境	网站系统安全性高；个人信息隐私得到保护；支付环境安全

11.2.2　调研数据收集与处理

本研究针对全国范围使用农产品电商平台的网络用户进行抽样调查，问卷调查时间从 2020 年 3 月 20 日起到 2020 年 5 月 20 日止。本次调查通过网络途径共收集问卷 1026 份，根据预调查分析审核，剔除 14 份缺项、漏项以及明显逻辑错误的不合格问卷，剩余问卷 1012 份。进一步采用基于项目变异系数与信度评估相结合的样本有效性筛选方法，剔除调查对象心理状态等主观因素对问卷的影响，剔除过程如下。

第一，对调查问卷中全部量表题项进行反向与同向化处理，通过编辑数值替换规则“1→5，2→4，3→3，4→2，5→1”实现项目同向化。

第二，使用变异系数函数分别计算同向化操作后各样本题项的总体变异系数和各潜在变量变异系数，变异系数越大，越需要检验样本的有效性。

第三，使用 P-P Plot（概率图）对总体变异系数和各潜在变量变异系数序列进行正态性检验，用 Excel 函数 NORMINV 计算变量给定概率下的正态分布分位点。

第四，对样本量表进行信度检验，计算各潜在变量与总体的信度及样本删除后各潜在变量与总体信度。

第五，综合样本量表项目变异系数正态分布概率分位点和信度变化值对无效样本进行剔除。

通过上述步骤分析计算，最终选定以 0.95 的概率落入的正态分布区间的总体变异系数变量有效数据取值范围为有效问卷，删除无效样本 22 份，最终保留有效问卷 990 份。

11.2.3 调研数据描述性统计分析

11.2.3.1 农产品电商平台用户调研数据分析

(1) 农产品电商平台用户统计数据

调研后农产品电商平台用户统计数据整理如表 11-2 所示。

表 11-2 农产品电商平台用户基本情况

基本特征	分类	样本数	构成比（%）
电商平台性质	自建网站	50	5.05
	第三方平台（京东到家、天猫等）	770	77.78
	专门负责农产品（生鲜）电商平台（每日优鲜等）	90	9.09
	超市自建网站（微信公众号、App 等）	10	1.01
	外卖平台（美团、饿了么等）	70	7.07
用户受教育程度	初中及以下	30	3.03
	中专或高中	20	2.02
	大专	30	3.03
	本科	400	40.4
	硕士及以上	510	51.52

(2) 用户使用电商平台性质

由图 11-1 可知，在用户使用的农产品电商平台中，77.78%的用户在使用如京东到家、天猫等第三方平台，9.09%的用户使用如每日优鲜等专门负责农产品（生鲜）电商平台，使用美团、饿了么等外卖平台的用户占 7.07%，5.05%的用户使用企业自建网站，使用超市自建网站（微信公众号、App 等）的用户占 1.01%。由此可见，第三方平台是当前农产品电商平台经营的主流方式。

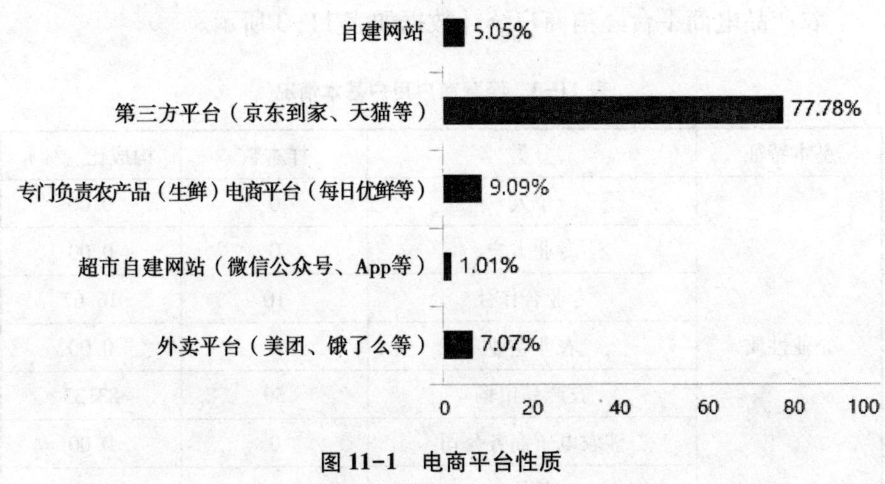

图 11-1　电商平台性质

（3）使用电商平台用户受教育程度

由图 11-2 可知，硕士及以上用户占比 51.52%，本科用户占比 40.4%，学历在大专及以下的用户占比仅 8.08%。由此可见，9 成以上的用户为本科及以上学历，总体来看农产品电商平台的使用者学历普遍较高。

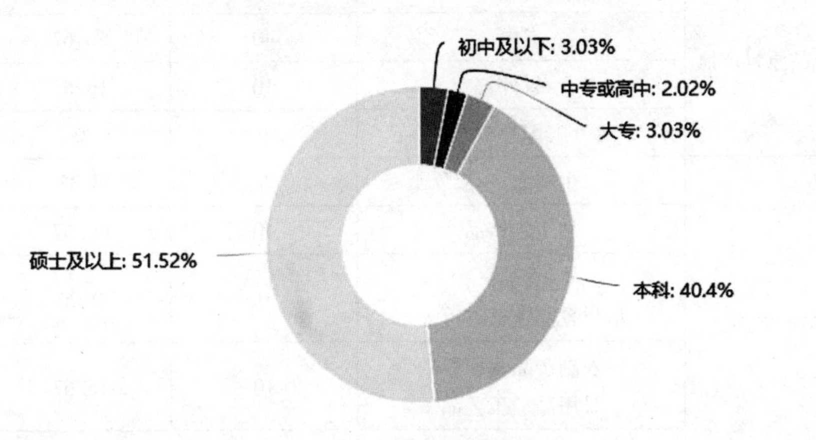

图 11-2　用户受教育程度情况

11.2.3.2 农产品电商平台经销商户调研数据分析

农产品电商平台经销商户统计数据如表11-3所示。

表11-3 经营商户用户基本情况

基本特征	分类	样本数	构成比（%）
企业性质	个人	0	0.00
	专业大户	0	0.00
	专业合作社	10	16.67
	农业企业	0	0.00
	农产品市场	50	83.33
	涉农电子商务公司	0	0.00
	其他	0	0.00
农产品主要来源	自产	0	0.00
	自加工	20	33.33
	代销	30	50
	收购	0	0
	其他	10	16.67
农产品原料产地	周围县农户	10	16.67
	省内	40	66.67
	省外	10	16.67
	国外	0	0
销售类别	生鲜农产品	5	8.33
	加工农产品	40	66.67
	食品（取得食品流通许可证）	0	0.00
	以农副产品为原料的日用品、工艺品	10	16.67
	其他	5	8.33

续表

基本特征	分类	样本数	构成比（%）
经营时间	不到 0.5 年	0	0.00
	0.5 到 1 年	0	0.00
	1 年以上到 2 年	20	33.33
	2 年以上到 5 年	0	0.00
	5 年以上	40	66.67
企业规模	10 人及以下	0	0.00
	11—20 人	10	16.67
	21—50 人	10	16.67
	51—100 人	20	33.33
	100 人以上	20	33.33

由表 11-3 可知，在 60 个经销商户使用者中，83.33%的用户的企业性质为农产品市场，专业合作社占比 16.67%；一半的农产品的货源是以代销的方式获得的；83.33%的农产品来自省内以及周围县；大部分经销商户经营时间在 5 年以上，占比 66.67%。

11.2.4　用户相关数据信度检验

信度反映问卷调查过程中对误差控制能力的大小，问卷的信度水平可用信度系数来衡量。根据台湾地区学者吴明隆的观点，信度分为个别观察变量的项目信度和潜在变量的组合信度。其中，个别观察变量的项目信度观察变量的 R^2 反映其潜在变量的信度，且 R^2 的临界值为 0.5，即标准化系数必须大于等于 0.71；潜在变量的组合信度主要评鉴潜在变量的内部一致性，一般采用的是克朗巴哈（Cronbach's Alpha）系数，通过计算指标的总体样本信度系数（Cronbach 的 α 值）来判断指标信度是否通过检验。一般认为 Cronbach's Alpha 系数最好在 0. 70 以上，才是较佳的组合信度。表 11-4 表明本问卷中的农产品流通影响因素调查总体和各潜在变量的信度检验过程。

表 11-4 总体和各潜在变量的信度检验结果

量表项目	Cronbach's Alpha 系数	项数
销售服务	0. 865	5
物流服务	0. 816	5
信息服务	0. 763	5
金融服务	0. 697	4
用户满意度	0. 913	4
农产品电商平台流通效益	0. 849	4
总体	0. 892	27

由可信度分析数据来看，影响农产品电商平台流通效益的量表总体 Cronbach's Alpha 系数为 0. 892，各个维度的 Cronbach's Alpha 系数最小值为 0. 697，接近于 0. 7，基本符合检验标准。

11. 3 基于平台的农产品现代流通方式影响因素分析

11. 3. 1 结构方程模型的基本原理

结构方程模型（Structural Equation Modeling，简称 SEM）融合了传统多变量统计分析中的“因素分析”与“线性模型之回归分析”的统计技术，对于各种因果模型可以进行模型辨识、估计与验证。结构方程模型的变量有测量变量与潜在变量两种形态；同时，结构方程模型有测量模型（measured model）与结构模型（structural model）两个基本模型。如果假定 X 为 ξ 的观察变量，Y 为 η 的观察变量，ξ 为因变量（外因潜在变量），η 为果变量（内因潜在变量），则结构方程模型一般方程式为：

$$X = \Lambda_x \xi + \delta \quad (11.1)$$

$$Y = \Lambda_y \eta + \varepsilon \quad (11.2)$$

$$\eta = \mathrm{B}\eta + \Gamma\xi + \zeta \quad (11.3)$$

其中方程式 11.1 与方程式 11.2 反映测量模型的一般方程式，Λ_x 表示连结 Y 变量与 η 变量的系数；Λ_y 表示连结 X 变量与 ξ 变量的系数；δ 为 X 变量的测量误差；ε 为 Y 变量的测量误差。

方程式 11.3 反映结构模型的一般方程式，B 表示 η 变量间的回归系数，Γ 表示 ξ 变量对 η 变量影响的回归系数，ζ 是内因潜在变量的误差，反映了内因潜在变量无法被方程模型中外因潜在变量解释的变异量。

11.3.2 农产品电商平台流通方式影响因素结构方程模型构建

农产品电商平台这一新型流通方式在一定程度上能够提高农产品流通效率，降低流通成本，增加经销商、农户、消费者等各参与方的收入效益，并满足各个交易主体的生活所需，带动相关产业的联动发展；同时，农产品电商平台也是一种服务型平台，主要分为 B2B 电商模式和 B2C 电商模式，这就决定了其服务的对象主要分为经销商户和消费者。因此，农产品电商平台用户的满意度的高低对农产品电商平台运营成功与否至关重要，并且也是衡量农产品电商平台流通效益的重要指标。基于已有理论研究成果的借鉴，本研究构建了农产品电商平台流通方式影响因素的结构方程模型，如图 11-3 所示。

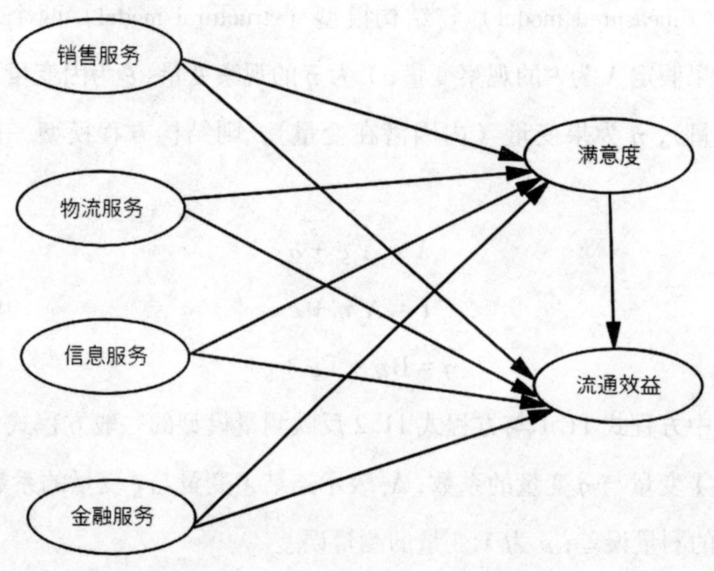

图 11-3 初始结构方程模型路径图

该模型共包含销售服务、物流服务、信息服务、金融服务、用户满意度以及农产品电商平台流通效益 6 个潜在变量，其中部分潜在变量的观察变量见表 11-1。

11.3.2.1 销售服务方面

销售服务是用户最能直观感受农产品电商平台服务发展水平的指标，包括产品质量、供求信息、价格行情、销售方式以及客户服务等，各项销售服务的完善，不仅可以提高满足各个交易主体的需求，提高用户满意度，还可以提高农产品电商平台服务能力，适应社会经济发展新要求。因此销售服务的完善是农产品电商平台流通效益提升的基本条件，并且起到积极的推动作用。

11.3.2.2 物流服务方面

物流服务是农产品流通效率提升的重要因素。物流服务的诸多方面如配送时间、运输包装、物流信息、配送体系以及服务态度等都在不同程度上影响着用户的购物体验，这就直接表现在用户的满意度上。健全物流服务体系无论对提高用户满意度还是对提升农产品流通效益都会起到积极作用。

11.3.2.3 信息服务方面

信息网络体系建设、信息收集与传达效率等因素是农产品电商平台发展的挑战，同时也是优化农产品电商平台发展的机遇，用户在交易过程中会对平台上的信息发布系统和信息的易获取性、及时性以及信息共享便利度等方面做出一定评价，农产品电商平台信息服务水平是否能够满足用户需求、能否适应市场发展要求，在平台上的信息资源共享、技术支撑、信息网络体系建设等服务中会有直观体现，所以，农产品电商平台信息服务水平的提高能够提升经销商户的满意度，进而推动农产品电商平台流通效益的提升。

11.3.2.4 金融服务方面

在市场竞争日益激烈的时代，尤其是新冠肺炎疫情的发生等不可抗因素的存在，使得各个中小企业的投融资能力愈发重要，对于电商平台这一网络经济时代高速发展的产物，优质的投融资能力对平台发展有着积极的推动作用。政府推出的税费优惠、物流补贴等扶持政策以及金融机构的帮扶都能够直观地提高经营商户用户的满意度。而日新月异的交易支付结算方式，是人们消费需求的必然结果，当然在农产品电商平台交易中，各个参与方都会与时俱进，适应时代发展，对农产品的支付结算方式和环境等提出新要求。微信、支付宝等新型支付结算方式，可以节约时间、提高流通效率，这也会使得农产品电商平台的交易更加规范化，与时俱进的交易结算方式以及安全可靠的交易环境，可以优化电商交易模式，提高用户满意度，提高农产品电商平台流通效益。

因此，农产品电商平台的销售服务的完善、物流服务体系的健全、信息服务水平的提高以及金融服务的与时俱进都会对农产品电商平台用户满意度以及流通效益产生影响，农产品电商平台的销售服务、物流服务、信息服务以及金融服务水平的提高，会直接提高用户满意度，而农产品电商平台用户满意度的提高会对其流通效益起到直接促进作用。为了后续研究的需要，现对各个潜变量间的作用关系提出如下假设。

各潜变量与用户满意度间的假设：

H1：销售服务水平的提升正向影响用户满意度

H2：物流服务水平的提升正向影响用户满意度

H3：信息服务水平的提升正向影响用户满意度

H4：金融服务水平的提升正向影响用户满意度

各潜变量与农产品电商平台流通效益间的假设：

H5：销售服务水平的提升正向影响农产品电商平台流通效益

H6：物流服务水平的提升正向影响农产品电商平台流通效益

H7：信息服务水平的提升正向影响农产品电商平台流通效益

H8：金融服务水平的提升正向影响农产品电商平台流通效益

H9：用户满意度的提高正向影响农产品电商平台流通效益

11.3.3 农产品现代流通方式影响因素结构方程模型估计

矩结构分析（Analysis of Moment Structures）能验证各式测量模型、

不同路径分析模型。目前运用 AMOS 进行结构方程模型分析的学者越来越多。本研究采用 AMOS21.0 软件进行结构方程模型分析。基于用户视角的农产品电商平台流通方式影响因素的初始结构方程模型路径如图 11-3 所示，运用极大似然法估计模型参数，其初始估计结果如表 11-5 所示。

表 11-5 初始模型路径系数估计结果

模型路径	非标准化系数	标准误	临界比值	P 值	标准化系数	显著性
用户满意度 ← 销售服务	0.111	0.028	3.942	* * *	0.107	显著
用户满意度 ← 物流服务	0.190	0.036	5.221	0.008	0.180	显著
用户满意度 ← 信息服务	0.357	0.035	10.195	0.005	0.344	显著
用户满意度 ← 金融服务	0.355	0.032	11.047	* * *	0.316	显著
流通效益 ← 销售服务	-0.072	0.033	0.008	0.992	-0.113	不显著
流通效益 ← 物流服务	0.267	0.096	2.764	* * *	0.345	显著
流通效益 ← 信息服务	0.565	0.051	11.023	* * *	0.606	显著
流通效益 ← 金融服务	0.000	0.096	3.656	0.964	0.000	不显著
流通效益 ← 用户满意度	0.737	0.034	21.369	* * *	0.782	显著

注：“* * *”表示 1%水平下显著。以下全文同。

11.3.4 农产品电商平台影响因素结构方程模型评价

11.3.4.1 模型整体性拟合度评价

(1) 模型拟合指数评价

最常见的模型拟合度指数有 GFI、AGFI、PGFI、NFI、NNFI 等。

本研究选用 GFI 和 NFI 以及 PGFI 指数来进行模型评价。拟合指数（goodness-of-fit index）表示假设模型可以解释观察数据的方差与协方差的比例，其值一般要大于 0.9，越接近 1，表示模型拟合度越高；NFI 指数为正规拟合指数（normed fit index）的缩写，反映了假设模型与一个观察变量间没有任何共变假设的独立模型的差异程度，NFI 指数判断值要大于 0.9；PGFI 指数（parsimony goodness-of-fit index）反映假设模型的简效程度，PGFI 的判断值要大于 0.5，且越接近 1，显示模型越简单。

（2）替代指数评价

替代指数是直接估计被检验模型与理论分布的差异程度。本文选取 RMSEA 指数和 CFI 指数来进行模型评价。RMSEA 指数为平均概似平方误根系数，是用来比较理论模型与饱和模型的差距的系数，其不受样本数大小以及模型复杂程度的影响，判定值要小于 0.05，其值越小，表示模型拟合度越佳；CFI 指数反映了假定模型与无任何共变关系的独立模型差异程度的量数，也考虑到被检测模型与中央卡方分布的离散性，其判断值要大于 0.95，CFI 指数的数值越接近 1 越理想，表示能够有效改善非中央性的程度。

如表 11-6，从模型拟合指数数值的结果来看，GFI 和 NFI 的数值均小于 0.90，说明模型拟合度较差；而 PGFI 的数值 0.664>0.50，说明可接受该假设模型。从替代指数数值结果来看，RMSEA 的数值 0.168>0.05，说明模型拟合度不理想；CFI 指数的数值 0.879<0.95，说明该模型拟合度不佳。综上所述，该结构方程模型拟合效果并不理想，需要对模型进行修改。

表 11-6 初始模型拟合度指标计算结果

指标	结果	评价
GFI	0. 762<0. 9	不合格
NFI	0. 823<0. 9	不合格
PGFI	0. 664>0. 5	可接受
RMSEA	0. 168>0. 05	不合格
CFI	0. 879<0. 95	不合格

11. 3. 4. 2 模型内在结构拟合度评价

(1) 测量模型评价

测量模型评价关注于测量变量是否足以反映其相对应的潜在变量，其目标在于了解潜在变量的效度和信度问题。效度反映指标变量对于其想要的潜在特质，实际测量程度，信度指的是测量的一致性。效度分析是潜在变量与其指标变量间路径（因素负荷量）的显著性检验。如果测量模型中因素负荷量均达显著（p<0. 05，t 的绝对值大于 1. 96），则表示测量的指标变量能够反映出它所要测量的潜在变量，该测量具有良好的效度证据。在 AMOS 输出结果中，临界比值代表 t 值。

(2) 结构模型评价

结构模型关注不同外衍潜在变量与内衍潜在变量间的路径关系，即概念性阶段所提的因果模型关系是否可以被实证数据所支持。主要包括潜在变量间路径系数所代表参数符号是否与原先研究理论模型所假设的期望的影响方向相同；假设模型的路径系数的参数估计值显著性检验的 t 值的绝对值是否大于 1. 96；每一个结构式中的多元相关的平方值（R^2），在达到显著性水平基础上，要越大越好，但不能出现负误差变异量三个方面。

从表 11-5 可以看出，在结构模型中，销售服务和金融服务对流通效益的路径系数的 P 值均接近 1，没有通过显著性检验，表明结构模型拟合度不理想。因此，该模型路径需要进行适当修正。

11. 3. 5 农产品流通影响因素结构方程模型修正

结构方程模型修正就是所谓的模型界定，即对理论模型进行适当修改，使其达到理想的拟合度水平，一般分为放宽限制和增加限制。放宽限制是指对初始理论模型增加新路径或释放部分限制路径，而增加限制是指限制或删除部分路径。由初始模型估计结果可知，销售服务和金融服务对流通效益的路径系数都没有达到显著性水平。因此，将用增加限制的方法，从初始模型中删除这两条路径。产品质量、价格行情等销售服务可以直接对用户满意度产生影响，不能直接体现在流通效益上，政

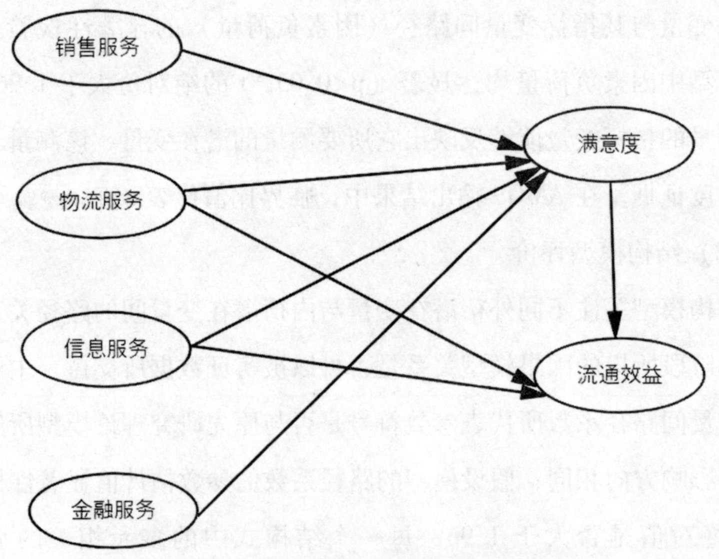

图 11-4 修正后的结构方程模型路径图

府扶持政策落实、金融机构的投融资行为都需要前期的渗透阶段，并且具有时间滞后性，短时间内不能显现成效，无法直观地反映在农产品电商平台流通效益上。因此，删除这两条路径也符合实际。图 11-4 为修正后的模型路径图。

修正后模型适配度指标计算结果如表 11-7 所示。

表 11-7　修正后模型适配度指标计算结果

指标	GFI	NFI	PGFI	RMSEA	CFI
结果	0.893	0.842	0.678	0.069	0.913

从表 11-7 可以看出，修正后的模型拟合度有所提高。在模型整体性拟合度中，GFI 指数与 NFI 指数的数值基本达到临界值 0.90，PGFI 指数的值也大于 0.50，说明模型的整体拟合度良好；在模型内在结构拟合度中，RMSEA 的数值略大于 0.05，但是小于 0.08，说明修正后模型的拟合度也是基本可以接受的，CFI 指数的值为 0.913，说明修正后模型拟合度良好；综上所述，修正后模型的拟合度良好，基本上可以接受。

修正后模型路径系数估计结果如表 11-8 所示。

表 11-8　修正后的模型路径系数估计结果

路径	非标准化系数	标准误	临界比值	P 值	标准化系数
用户满意度 ← 销售服务	0.348	0.021	16.514	***	0.336
用户满意度 ← 物流服务	0.512	0.039	13.128	***	0.491
用户满意度 ← 信息服务	0.304	0.048	6.33	0.004	0.270
用户满意度 ← 金融服务	0.288	0.019	15.238	0.007	0.274

续表

路径	非标准化系数	标准误	临界比值	P 值	标准化系数
流通效益 ← 用户满意度	0.750	0.038	19.841	* * *	0.836
流通效益 ← 物流服务	0.303	0.032	9.469	* * *	0.277
流通效益 ← 信息服务	0.563	0.038	14.789	* * *	0.523
产品 X1 ← 销售服务质量	1				0.844
供求 X2 ← 销售服务信息	0.968	0.033	28.968	* * *	0.776
价格 X3 ← 销售服务行情	0.988	0.032	31.232	* * *	0.815
销售 X4 ← 销售服务方式	0.977	0.039	24.8	* * *	0.697
客户 X5 ← 销售服务服务	1.063	0.035	30.737	* * *	0.807
配送 X10 ← 物流服务时间	1				0.815
运输 X9 ← 物流服务包装	0.92	0.036	25.582	* * *	0.716
物流 X8 ← 物流服务信息	0.883	0.033	26.556	* * *	0.737
配送 X7 ← 物流服务体系	1.112	0.034	32.498	* * *	0.847
服务 X6 ← 物流服务态度	1.035	0.032	32.092	* * *	0.84
信息 X15 ← 信息服务共享	1				0.808
技术 X14 ← 信息服务支撑	0.917	0.031	29.469	* * *	0.802
推广 X13 ← 信息服务力度	0.998	0.035	28.393	* * *	0.781
整合 X12 ← 信息服务需求	0.937	0.035	27.026	* * *	0.754
信息网络 X11 ← 信息服务体系建设	1.005	0.032	31.25	* * *	0.836
政府扶持 X19 ← 金融服务政策	1				0.72
金融机构 X18 ← 金融服务帮扶	1.032	0.043	23.841	* * *	0.77
支付结算 X17 ← 金融服务方式	1.226	0.047	26.175	* * *	0.844
交易环境 X16 ← 金融服务标准化	1.158	0.048	24.208	* * *	0.782
销售 Z1 ← 用户满意度服务	1				0.85

续表

路径	非标准化系数	标准误	临界比值	P 值	标准化系数
物流 Z2 ← 用户满意度服务	0.981	0.026	37.874	***	0.898
信息 Z3 ← 用户满意度服务	1.092	0.028	38.73	***	0.909
金融 Z4 ← 用户满意度服务	0.976	0.028	34.46	***	0.851
交易 A4 ← 流通效益各方效益	1				0.817
流通 A3 ← 流通效益效率	1.009	0.036	28.072	***	0.787
交易 A2 ← 流通效益服务水平	1.074	0.033	32.202	***	0.868
消费者 A1 ← 流通效益需求	1.025	0.036	28.302	***	0.792

初始结构模型中，销售服务和金融服务对农产品电商平台流通效益的路径系数没有通过显著性检验，因此拒绝假设 H5 和 H8。则从表 11-8 可以看出，结构方程模型中所有路径系数都在 1%水平下显著，说明修正后模型拟合度良好。剩下的 7 个路径的路径系数均为正数，表示其与外因变量的影响均为正向，与初始路径假设模型图的符号一致。

销售服务对用户满意度的路径系数为正且通过显著性检验，说明销售服务的完善对用户满意度具有正向影响，假设 H1 成立；物流服务对用户满意度的路径系数为正且通过显著性检验，说明物流服务水平的提升对用户满意度具有正向影响，假设 H2 成立；信息服务对用户满意度的路径系数为正且通过显著性检验，说明信息服务体系的健全对用户满意度具有正向影响，假设 H3 成立；金融服务对用户满意度的路径系数为正且通过显著性检验，说明金融服务的与时俱进对用户满意度具有正向影响，假设 H4 成立；物流服务对农产品电商平台流通效益的路径系数为正且通过显著性检验，说明物流服务的优化对农产品电商平台流通效益的提升起到了正向促进作用，假设 H6 成立；信息服务对农产品电商平台流通效益的路径系数为正且通过显著性检验，说明信息服务的健全积极推动农产品电商平台流通效益增加，假设 H7 成立；用户满意度对农产品电商平台流通效益的路径系数为正且通过显著性检验，说明用户满意度推动了农产品电商平台流通效益提高，同时用户满意度的高低也直观显示了农产品电商平台流通效益水平，假设 H9 成立。

11.4 实证结果分析

11.4.1 测量模型估计结果分析

11.4.1.1 在销售服务方面

五项具体变量都通过显著性检验，但各项变量对销售服务的影响程度存在差异。产品质量、供求信息、价格行情、销售方式、客户服务的标准化路径系数分别为 0.844、0.776、0.815、0.697、0.807。这说明产品质量对农产品电商平台服务水平的影响最大，其次为价格行情、客户服务、供求信息、销售方式。这表明用户越来越注重体验农产品电商平台上的产品质量、价格行情、客户服务等因素，这些因素对农产品电商平台的销售服务水平的提升至关重要。

11.4.1.2 在物流服务方面

五项具体变量都通过显著性检验，但各项变量对物流服务的影响程度有所不同。配送时间、运输包装、物流信息、配送体系、服务态度的标准化路径系数分别为 0. 815、0. 716、0. 737、0. 847、0. 840。这说明农产品电商平台物流服务水平最易受到配送体系的影响，其次是配送员服务态度和配送时间，这三者相差不大，而运输包装的影响相对较弱。但总体来说，这五个变量作为提高农产品电商平台物流服务水平的措施都较为有效。由此可见，农产品的配送时间、运输包装、物流信息、配送体系、服务态度等因素的完善，能够很大程度上提高农产品电商平台的物流服务水平，进而提高农产品的流通效率。

11. 4. 1. 3　在信息服务方面

五项具体变量都通过了显著性检验，并且三项变量对农产品电商平台信息服务的影响程度相当。信息共享、技术支撑、推广力度、整合需求、信息网络体系建设的标准化路径系数分别为 0. 808、0. 802、0. 781、0. 754、0. 836。这说明农产品电商平台的信息服务水平受信息网络体系建设影响最大，信息共享和技术支撑的影响相当，影响相对较弱的为推广力度和整合需求两个因素，这表明在农产品电商平台的信息服务水平提升过程中，信息网络体系建设、信息共享便利性以及技术支撑重视程度要相当，并且要同步推进，以满足交易各方的需求。

11. 4. 1. 4　在金融服务方面

四项具体变量都通过了显著性检验，但各项变量对农产品电商平台金融服务的作用程度存在差异。政府扶持政策、金融机构帮扶、支付结算方式以及交易环境的标准化路径系数分别为 0. 720、0. 770、0. 844、0. 782。这说明支付结算方式对农产品电商平台金融服务的影响最强，其次是交易环境和金融机构帮扶，而政府扶持政策对金融服务方面的影响程度略低于以上三个变量，整体上来说，四个变量都能够作为提升金融服务的措施。所以，政府出台的相关政策、金融机构帮扶、支付结算方式以及交易环境等因素对金融服务的提升至关重要。

11.4.1.5 在用户满意度方面

四个变量的相关系数都很显著，销售服务、物流服务、信息服务以及金融服务的标准化路径系数分别是 0.850、0.898、0.909、0.851。这说明信息服务对用户满意度的影响最大，其次是物流服务，但二者相差不大，销售服务和金融服务的影响程度相对较弱。但总体来说，这四个变量作为提升用户满意度的措施都较为有效。因此，从这四方面加强农产品电商平台的建设，对提高用户对农产品电商平台的满意度都起到了重要作用。

11.4.1.6 在流通效益方面

各个变量的相关系数都达到了显著性水平，其中交易各方效益、流通效率、交易服务水平、消费者需求的标准化路径系数分别为 0.817、0.787、0.868、0.792。这意味着交易服务水平最能表现出农产品电商平台流通效益，交易各方效益、消费者需求以及流通效率对流通效益的影响依次减弱，但三者相差不大，这四个因素都能有效影响农产品电商平台流通效益。

11.4.2 结构模型估计结果分析

通过结构方程模型的路径分析，可以进行变量之间的效应分析，即探讨内因潜变量被外因潜变量解释的总体效应、直接效应以及间接效应。其中直接效应即是路径系数以 β 值结构参数的形式呈现；间接效应等于路径系数 β 值相乘的结果；总效应为直接效应与间接效应的加和。本章节结构方程模型中各个潜在变量间的直接效应、间接效应和总效应情况如表 11-9 所示。

表 11-9　潜变量间的直接效应、间接效应和总效应

结构模型	直接效应	间接效应	总效应
用户满意度←销售服务	0.336	–	0.336
用户满意度←物流服务	0.491	–	0.491
用户满意度←信息服务	0.270	–	0.270
用户满意度←金融服务	0.274	–	0.274
流通效益←销售服务	–	0.281	0.281
流通效益←物流服务	0.277	0.410	0.687
流通效益←信息服务	0.523	0.226	0.749
流通效益←金融服务	–	0.232	0.232
流通效益←用户满意度	0.836	–	0.836

由表 11-9 可知，本结构方程模型的潜变量之间存在着直接或者间接效应，除了物流服务和信息服务与潜变量间既存在着直接效应又存在着间接效应，其他潜变量之间要么存在直接效应，要么存在间接效应，可以得出以下结论。

（1）影响用户满意度的潜变量排序为：物流服务>销售服务>金融服务>信息服务。可以看出，物流服务水平最为影响农产品电商平台用户的满意度，其总效应为 0.491，这说明物流服务水平的完善是提高经销商满意度的最重要因素，若物流服务水平提升 1 个单位，则用户满意度提升 0.491 个单位。

（2）影响农产品电商平台流通效益的潜变量排序为：用户满意度>信息服务>物流服务>销售服务>金融服务。用户满意度对农产品电商平台流通效益的总效应为0.836，这说明若用户满意度提升1个单位，则农产品电商平台流通效益将提升0.836个单位，这表明了用户满意度对农产品电商平台流通效益的提升至关重要，另外信息服务水平提高1个单位，则农产品电商平台流通效益提升0.749个单位；物流服务水平提高1个单位，农产品电商平台流通效益提升0.687个单位，这也体现了信息系统服务水平的完善和物流服务体系的健全在提高农产品电商平台流通效益措施中要多加注重。

上述结果表明农产品电商平台的销售服务个性化、物流服务优化、信息系统标准化以及金融服务精准化都对平台的流通效益的提升至关重要。一方面，这四个因素的提升会对用户满意度起到较强的正向促进作用，间接影响着平台的流通效益；另一方面，用户满意度又直接反映并且推动着平台的流通效益的提升。除此之外，物流服务和信息服务的水平也可以对平台流通效益的提升起到直接正向推动作用，这也说明农产品电商平台中物流服务水平和信息服务水平的提升是当前增效的当务之急。总体来说，从效应强度可以看出，物流服务对用户满意度的促进作用最强，而用户满意度对平台流通效益的提升影响强度最大。

11.5 结论与建议

11.5.1 主要结论

11.5.1.1 信息服务水平是影响农产品电商平台流通效益的首要因素

通过对农产品电商平台流通方式影响因素的结构方程模型建立与分析可知，信息服务水平无论从直接效应角度还是间接效应角度对农产品电商平台流通效益都起到了正向推动作用，并且总效应为 0.749，在四个潜变量中的效用最大，因此，信息服务水平是影响农产品电商平台流通效益的首要因素，另外，物流服务水平紧随其后，总效应为 0.687，而其他两个潜变量对农产品电商平台流通效益的影响效应大小依次为销售服务水平、金融服务水平。

11.5.1.2 平台服务体系水平是影响用户满意度的主要因素

通过调查研究发现用户的感知评价是流通效益的最直观体现，并且通过数据分析得知，农产品电商平台的销售服务水平、物流服务水平、信息服务水平以及金融服务水平的提升均正向促进用户满意度的提高，而用户满意度的提高在很大程度上推动着农产品电商平台流通效益的提升，另外物流服务水平和信息服务水平的提高也会直接正向影响农产品电商平台流通效益。

11.5.1.3 农产品电商平台呈多样化发展，电子商务市场不断扩大

近年来我国农产品网上交易平台形式多样，包括 B2B、B2C、C2B

以及 C2C 等多种模式。2019 年农产品 B2B 交易额 6000 亿元，同比增长 20%；农产品网上零售交易额 5000 余亿元，同比增长将近 50%；农产品餐饮外卖交易额 6035 亿元，同比增长 30.8%；生鲜电商交易额 3506.08 亿元，同比增长 57%左右。可见我国农产品电商平台类型日益创新，电子商务市场规模也在不断扩大。

11.5.2 主要建议

11.5.2.1 优化农产品电商平台信息服务水平，创建新型农产品电子商务与服务平台

（1）提高信息化水平

将互联网、电子标签、区块链等信息技术应用于农产品电商平台优化维护中。完善市场信息查询系统与实时发布系统，实现信息资源的共享，逐步建立起物流配送管理系统、市场供需信息管理系统、客户关系管理系统以及供应链管理系统、产品质量管理追溯系统等，推动市场营销网、物流网、信息网有机融合，以及商流、物流、信息流、资金流的贯通，提高市场的流通效率。

（2）创建“订单网+平台交易”电商平台

整合农产品流通全链资源，包括整合农户、经纪人、分销商以及零售商等传统农产品产供销参与主体，充分为农产品流通提供一站式服务，信息更全面，实现线上线下互动，消费与服务兼顾，这不仅整合了线下经济实体资源，而且还具有顾问、代理、客服、配送、仓储、供应等功能，更为新时代的人才提供了创业孵化的机会，能够在一定程度上提高就业水平。

11.5.2.2 优化电商平台用户交互界面设计，提升用户体验

优化农产品电商平台用户交互界面设计，增加用户黏性。用户体验是留住顾客的关键。对于一些用户基数大，但用户黏性差、活跃度低的平台，要在不影响用户使用习惯的前提下，想方设法增加网页亮点，吸引进入平台用户的注意力，指引潜在顾客浏览页面，提高用户黏性，从而增加交易的可能性。

11.5.2.3 高效整合信息资源，提高平台商户入驻率

一是投入足够的技术支撑，可将农产品链接到微信、微博、论坛、抖音短视频直播等多辅助渠道进行销售。二是有效地整合生产商、销售商以及消费者三者的供需信息，减少流通环节，提高流通效率。比如设计生产商、贸易商、物流商以及消费者间的互动板块，详细掌握农产品以及交易方的信息、商户的使用习惯，打造高质量口碑宣传，从而提高商户入驻率。

11.5.2.4 健全物流配送体系，提高服务效能

促进农产品冷链物流设施特别是生鲜农产品冷链仓储配送设备的升级。支持农产品电商平台加快建设适合集中采购和跨区域配送的能力区域农产品冷链物流配送中心，建立覆盖全产业链的冷链物流系统，使得农产品货源辐射范围不断扩大。

第12章　江苏省区域特色农产品现代流通方式效率综合评价

［内容提要］以流通过程中的商流、资金流、物流、信息流要素为框架构建指标体系，选取江苏省的11个地级市为研究样本，结合运用灰色关联分析及模糊综合评价方法，对其农产品现代流通方式流通效率进行综合评价与分析。

12.1　研究背景

目前来看，推进与发展我国区域特色农产品现代流通方式迫在眉睫，由此，建立科学系统的方法对我国区域特色农产品现代流通效率进行测度与评价显得尤为重要。江苏省地处长江经济带，不仅农业生产的资源禀赋丰富多样，且在交通、市场、信息等多方面独具优势，为农产品的流通提供了优越条件，其现代农产品流通业的发展位居前列梯队，是重要的示范窗口。以下以江苏省为目标研究区域，借鉴前人研究成果，建立区域特色农产品现代流通效率综合评价指标体系对其进行实证研究。

已有文献对农产品流通效率评价的指标体系构建主要从以下四个维度展开，一是从流通参与主体或流通环节角度，如洪涛（2012 年）从流通者、生产者、消费者和社会公共效率四方面对流通效率展开评价，具有一定的客观性；二是从流通行业整体或产业链角度，如郭守亭、俞彤晖（2013 年）认为市场效率、企业效率、资本效率和人员效率等多层效率可以综合地反映流通体系运行过程中流通成本、流通速度以及资源能耗情况；三是从成本—利润或投入—产出角度，如陈耀庭（2015 年）利用得分比率对流通效率进行了研究；四是从投入与产出视角来测评农产品的流通效率，王春豪和袁菊（2019 年）、程书强（2017 年）等测度了我国西部农产品流通效率。此外，众多学者运用多种研究方法评价农产品流通效率，主要集中在以下三种，一是运用因子分析法和主成分分析法对农产品流通效率进行测度评分并分析其主要影响因素。赵锋、段风军（2014 年），金赛美（2016 年）、张永强（2017 年）从多个层次构建指标体系进行分析。二是从投入—产出角度研究经济活动中的技术效率，现有文献中前沿分析法应用较为广泛。三是运用模糊—综合评价法进行综合评价，其优势在于将定量分析和定性描述结合起来，对多个因素、多个指标进行综合评价。

本研究在借鉴前人研究的基础上，综合考虑数据可得性，结合运用灰色关联分析及模糊综合评价法建立农产品现代流通效率评价指标体系与模型，对江苏省 11 个地级市农产品流通效率进行综合评价。

12.2 指标体系与研究方法

12.2.1 流通效率评价指标体系

基于流通过程要素：商流、资金流、物流和信息流，在梳理和总结大量同类研究文献的基础上，构建以农产品流通综合效率为目标层（A），以商流效率（B_1）、资金流效率（B_2）、物流效率（B_3）和信息流效率（B_4）为准则层，以及与准则层相对应的要素层指标（C_1—C_{13}），由此得到新型特色农产品流通方式流通效率综合评价的指标层级结构图，如图 12-1 所示。

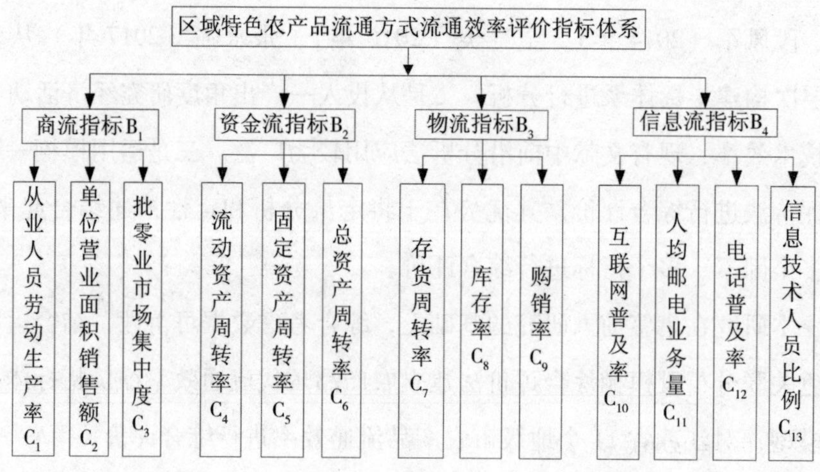

图 12-1 农产品流通效率综合评价指标层级结构图

其中，各指标具体含义如表 12-1 所示。

表 12-1　农产品流通效率综合评价指标体系

准则层（B）	指标层（C）	指标含义
商流效率指标（B_1）	从业人员劳动生产率（C_1）	农产品流通近似增加值/农产品流通从业人员数（万元/万人）
	单位营业面积销售额（C_2）	亿元以上农产品交易市场成交额/农产品交易市场营业面积（万元/万平方米）
	批零业市场集中度（C_3）	批零业社会消费品零售额/社会消费品零售总额（万元/万元）
资金流效率指标（B_2）	流动资产周转率（C_4）	限额以上农产品批零业主营业务收入/流动资产（万元/万元）
	固定资产周转率（C_5）	限额以上农产品批零业主营业务收入/固定资产（万元/万元）
	总资产周转率（C_6）	限额以上农产品批零业利润总额/资产总额（万元/万元）
物流效率指标（B_3）	存货周转率（C_7）	限额以上农产品批零业主营业务成本/平均存货（万元/万元）
	库存率（C_8）	限额以上农产品批零企业库存总额/销售总额（万元/万元）
	购销率（C_9）	限额以上农产品批零企业购进总额/销售总额（万元/万元）
信息流效率指标（B_4）	互联网普及率（C_{10}）	互联网宽带接入户数/总居民户数（户/户）
	人均邮电业务量（C_{11}）	邮电业务总量/总人口数（亿元/万人）
	电话普及率（C_{12}）	固定电话普及率＊0.4+移动电话普及率＊0.6（户/户）
	信息技术人员比例（C_{13}）	信息传输、软件和信息服务业从业人数/总从业人数（万人/万人）

12.2.2 研究方法

农产品流通效率的评价是包含多指标、多层次的一项综合评价。本研究结合运用灰色关联度分析法和模糊综合评价法进行综合评价。首先，运用灰色关联度分析法确定各指标的权重；其次，通过构建隶属函数，确定各指标的隶属度，并运用模糊综合评价模型对评价指标进行综合计算。

12.2.2.1 灰色关联权重确定模型

（1）确定分析序列

根据前述指标体系及灰色关联原理，选定正向指标的最大值为参考序列，对于逆向指标，进行正向化处理。参考序列记为：

$$X_0 = \{X_{0j} | i = 1, 2, \cdots n; j = 1, 2, \cdots, m\} \quad (12.1)$$

式（12.1）表示参考序列在第 i 个样本中的值；m 表示指标个数。

选取各指标的实际数据为比较序列，记为：

$$X_i = \{X_{ij} | i = 1, 2, \cdots n; j = 1, 2, \cdots, m\} \quad (12.2)$$

式（12.2）表示第 j 项指标在第 i 个样本中的值；m 表示指标个数。

（2）原始数据处理

文中选取的物流效率指标中库存率为逆向指标，故需对其进行正向化处理，如式（12.3）

$$X'_{ij} = \max_{1 \le i \le n}\{X_{ij}\} - X_{ij} \quad (12.3)$$

式中，X'_{ij} 为正向化后的值。

由于原始数据量纲不同，首先需要对原始数据做无量纲化处理。相比几种典型的方法后，本文选择均值法进行去量纲化处理，原因在于其可以保留各指标变异程度的信息。

$$y_i = \frac{x_{ij}}{\overline{x_{ij}}} \text{或} y_i = \frac{x'_{ij}}{\overline{x_{ij}}} \tag{12.4}$$

式中，y_i 为无量纲化后的值。

（3）计算关联系数

对无量纲数据根据公式（12.5）求比较序列相对于参考序列的关联系数。

$$\xi_{ij} = \frac{\Delta_{\min} + \eta\Delta_{\max}}{\Delta_i(k) + \eta\Delta_{\max}} \tag{12.5}$$

式中，$\Delta_{ij} = |y_0 - y_i|$，为参考序列和比较的绝对差值；$\Delta_{\max} = \max_i \max_j \Delta_{ij}$，即取绝对差值中的最小差值和最大差值；$\eta$ 为分辨系数，用于削弱最大绝对差值的影响，提高关联系数的差异性，$\eta \in$（0，1），当 $\eta = 0.5463$ 时分辨力最好，通常取 $\eta = 0.5$。

（4）计算灰色关联度

灰色关联度表示的是被评价序列与评价序列之间的相互关联程度，其关联值大小与两者间的关联度成正比。式（12.5）中 ξ_{ij} 求得的是第 j 项指标的第 i 个样本对被评价指标第 i 个样本的关联程度，将所有样本变量各比较因素与参考因素之间的关联系数取平均值，即得到第 j 项指标对被评价指标整体的关联度。

$$\varepsilon_i = \frac{1}{n}\sum_{i=1}^{n}\xi_{ij} \tag{12.6}$$

（5）计算权重

根据模糊综合评价的权重分配原则，以及各个评价因素的下一级评价因素的权重之和为1，将同一层指标在所属体系指标空间中所占的比

重 γ_i 进行归一化处理，得到各指标对应的权重。

$$w_i = \frac{\varepsilon_i}{\sum_{i=1}^{m} \varepsilon_i} \tag{12.7}$$

12.2.2.2 模糊综合评价模型

（1）建立评价因素集和评语集

因素集是评价对象的具体表现，上节构建的评级指标体系中各指标构成了模糊综合评价的评价因素集。记为：

$$U = \{u_1, u_2, u_3, \ldots u_n\} \tag{12.8}$$

评语集也称评判集，是评价者对评价因素所处水平的评价结果，本文建立评语集 V，记为：

$$V = \{V_1, V_2, V_3, V_4\} = \{\text{较低，一般，较高，很高}\} \tag{12.9}$$

（2）建立评价矩阵和隶属度

模糊评价矩阵由单项指标的隶属度构成，单项指标隶属度是从指标集到评语集的模糊关系，即对各单项指标 x_{ij} 做出评语 v_t 的可能性。一般地，从指标集到评语的模糊评价矩阵为：

$$R = \begin{pmatrix} R_1 \\ R_2 \\ \vdots \\ R_n \end{pmatrix} = \begin{pmatrix} r_{11} & r_{12} & \cdots & r_{1m} \\ r_{21} & r_{22} & \cdots & r_{2m} \\ \vdots & \vdots & \ddots & \vdots \\ r_{n1} & r_{n2} & \cdots & r_{nm} \end{pmatrix} \tag{12.10}$$

式中，$r_{ij}(i=1, 2, \cdots, n; j=1, 2, 3\cdots, m)$ 表示指标 x_i 对 v_t 的隶属度。

常用的几种隶属度确定方法各有一定弊端，如模糊统计法的所需计算量巨大，专家打分法和二元对比排序法又有样本数量较少、主观性很强的弊端。本文通过建立隶属函数来求得单项指标隶属度，根据(12.9)式构建的评语集，农产品流通效率水平分为较低、一般、较高、很高四个等级，各等级隶属函数如下所示。

$$fA(x)\begin{cases}1 & x < a_1 \\ \dfrac{a_2 - x}{a_2 - a_1} & a_1 \leqslant x < a_2 \\ 0 & x \geqslant a_2\end{cases}$$

$$fB(x)\begin{cases}0, & x < a_1 \\ \dfrac{x - a_1}{a_2 - a_1}, & a_1 \leqslant x < a_2 \\ \dfrac{a_3 - x}{a_3 - a_2}, & a_2 \leqslant x < a_3 \\ 0, & a_3 \leqslant x\end{cases}$$

$$fC(x)\begin{cases}0 & x < a_2 \\ \dfrac{a_3 - x}{a_3 - a_2} & a_2 \leqslant x < a_3 \\ \dfrac{a_4 - x}{a_4 - a_3} & a_3 \leqslant x < a_4 \\ 0 & a_4 \leqslant x\end{cases}$$

$$fD(x)\begin{cases}0 & x < a_3 \\ \dfrac{x - a_3}{a_4 - a_3} & a_3 < a_4 \\ 0 & a_4 < x\end{cases} \tag{12.11}$$

式中，x 为指标值，a_1，a_2，a_3，a_4 为各评价等级所对应的阈值。

一般情况下，阈值可由现有标准或者专家对某一项目的实际考察分析所确定，本研究采用累积百分位法来确定。具体做法是对表 12-1 中正向化和标准化处理后的各指标值做由大到小排序，分别位于 20%、40%、60%和 80%处的临界值即为式 12.11 中所用的阈值，百分位数对应效率等级如表 12-2 所示。

表 12-2　累计百分位数对应效率等级

累计百分位数	20%位数	40%位数	60%位数	80%位数
评价等级	很高	较高	一般	较低

（3）建立权重集

使用灰色关联度模型，对相应因素赋以权重，记为：

$$W = \{w_1,\ w_2,\ w_3 ... w_n\} \tag{12.12}$$

（4）计算综合隶属度值和综合评价值

综合隶属度值即是综合评价值，其计算公式为

$$B_i = W_i * R_i = (b_1,\ b_2,\ \cdots,\ b_l) \tag{12.13}$$

式中，W_i 为各因素集的权重矩阵，R_i 为各因素集的评价矩阵，B_i 为因素 i 的综合模糊运算结果，表示 B_i 相对于评语集的隶属关系，隶属度为 b_i 。

（5）评价得分

将目标层的模糊综合评价向量代入各等级的评价值即得流通效率得分：

$$S = b_1 * 25 + b_2 * 50 + b_3 * 75 + b_4 * 100 \tag{12.14}$$

12.3 实证结果与分析

12.3.1 灰色关联指标权重测算结果

运用 Matlab 程序，基于江苏省 11 个市 2012—2017 年的统计数据和公式（12.1）—（12.6），得出各指标对应的灰色关联度如表 12-3（a—d）所示。

表 12-3（a） 江苏省农产品流通效率评价决策因素层对商流效率灰色关联度

商流指标 (B_1)	从业人员劳动生产率 B_1-C_1	单位营业面积销售额 B_1-C_2	批零业市场集中度 B_1-C_3
灰色关联度	0.6604	0.5385	0.6361

表 12-3（b） 江苏省农产品流通效率评价决策因素层对资金流效率灰色关联度

资金流指标 (B_2)	流动资产周转率 B_2-C_4	固定资产周转率 B_2-C_5	总资产周转率 B_2-C_6
灰色关联度	0.5789	0.5345	0.5961

表 12-3（c） 江苏省农产品流通效率评价决策因素层对物流效率灰色关联度

物流指标 (B_3)	存货周转率 B_3-C_7	库存率 B_3-C_8	购销率 B_3-C_9
灰色关联度	0.5869	0.6986	0.5752

表 12-3（d） 江苏省农产品流通效率评价决策因素层对信息流效率灰色关联度

信息流指标 (B_4)	互联网普及率 B_4-C_{10}	人均邮电业务量 B_4-C_{11}	电话普及率 B_4-C_{12}	信息技术人员比例 B_4-C_{13}
灰色关联度	0.5140	0.4834	0.5434	0.4655

归一化处理后，计算得江苏省农产品流通效率的各指标权重矢量见表 12-4。

表 12-4 江苏省农产品流通效率评价体系各指标权重

目标层（A）	准则层（B）	指标要素层（C）
农产品流通效率（A）	商流指标（B_1）0.2510	从业人员劳动生产率（C_1）0.0903
		单位营业面积销售额（C_2）0.0737
		批零业市场集中度（C_3）0.0870
	资金流指标（B_2）0.2338	流动资产周转率（C_4）0.0792
		固定资产周转率（C_5）0.0731
		总资产周转率（C_6）0.0815
	物流指标（B_3）0.2408	存货周转率（C_7）0.0803
		库存率（C_8）0.0819
		购销率（C_9）0.0787
	信息流指标（B_4）0.2744	互联网普及率（C_{10}）0.0703
		人均邮电业务量（C_{11}）0.0661
		电话普及率（C_{12}）0.0743
		信息技术人员比例（C_{13}）0.0637

由表 12-4 可以得到，准则层中信息流指标权重最大，为 0.2744；商流指标次之，所占权重为 0.2510；其后分别是物流指标和资金流指标，对流通效率的影响权重分别为 0.2408 和 0.2338。在指标要素层中从业人员劳动生产率、总资产周转率、库存率以及电话普及率对其上级指标的权重排名为第一。

12.3.2 模糊综合评价结果

模糊综合评价的核心思想是加权平均算子 $M=(\bullet, \oplus)$ 运算，具体说是从底层依次计算其对于上层指标的隶属度，并与其对应权重相乘，从而构成新的评价矩阵，再与其对应隶属度相乘，得到再上层指标隶属度，以此类推。其每个层级所得出的评价矩阵，都代表该层指标对应评价集的发生概率。篇幅原因，以下以 2017 年常州市为例，具体呈现各层级的评价结果。

首先，进行 B 层指标的综合隶属度评价。由公式（12.11）得到农产品流通效率评价的 C 层各因素指标的模糊评价矩阵。

商流效率指标评价矩阵：

$$R_{B_1} = [R_1, R_2, R_3]^T = \begin{pmatrix} 0 & 0 & 0 & 1 \\ 0 & 0 & 0.9196 & 0.0804 \\ 0 & 0 & 0.1668 & 0.8332 \end{pmatrix}$$

资金流效率指标评价矩阵：

$$R_{B_2} = [R_4, R_5, R_6]^T = \begin{pmatrix} 0 & 0.3387 & 0.6613 & 0 \\ 0 & 0.5232 & 0.4768 & 0 \\ 0.2567 & 0.7434 & 0 & 0 \end{pmatrix}$$

物流效率指标评价矩阵：

$$R_{B_3} = [R_7, R_8, R_9]^T = \begin{pmatrix} 0 & 0.9429 & 0.0571 & 0 \\ 0 & 0 & 0.5142 & 0.4858 \\ 1 & 0 & 0 & 0 \end{pmatrix}$$

信息流效率指标评价矩阵：

$$R_{B_4} = [R_{10}, R_{11}, R_{12}, R_{13}]^T = \begin{pmatrix} 0 & 0 & 0 & 1 \\ 0 & 0 & 0.4356 & 0.5644 \\ 0 & 0 & 0 & 1 \\ 0 & 0.8 & 0.1620 & 0 \end{pmatrix}$$

根据表 12-2 的结果由式（12.12）得到 C 层指标权重矩阵：

商流效率指标中单因素集的权重矩阵：$W_{B1}=[0.0903, 0.0737, 0.0870]$

资金流效率指标中单因素集的权重矩阵：$W_{B2}=[0.0792, 0.0731, 0.0815]$

物流效率指标中单因素集的权重矩阵：$W_{B3}=[0.0803, 0.0819, 0.0787]$

信息流效率指标中单因素集的权重矩阵：$W_{B4}=[0.0703, 0.0661, 0.0743, 0.0637]$

根据综合隶属度值也称综合评价值计算公式（12.13），求得 B 层各指标对应的模糊综合评价矩阵

$$B=R_B*W_B=\begin{pmatrix} 0 & 0 & 0.3277 & 0.6723 \\ 0.0895 & 0.5375 & 0.3730 & 0 \\ 0.3267 & 0.3143 & 0.1938 & 0.1651 \\ 0 & 0.1944 & 0.1425 & 0.6630 \end{pmatrix}$$

可以得到 2017 年常州市农产品流通效率评价的准则层综合隶属度，如表 12-5 所示。

表 12-5　2017 年常州市农产品流通效率准则层综合隶属度

准则层 B	较低	一般	较高	很高
商流指标	0	0	0.3277	0.6723
资金流指标	0.0895	0.5375	0.3730	0
物流指标	0.3267	0.3143	0.1938	0.1651
信息流指标	0	0.1944	0.1425	0.6630

按照最大隶属度原则，2017年常州市的农产品流通在商流和信息流方面效率很高，资金流方面效率较高，物流方面效率较低。

其次，进行A层指标的综合隶属度评价。根据上文的分析和计算，B层各指标对应的模糊综合评价矩阵为$RA = B$，根据式（12.13）与其对应的权重矩阵进行模糊综合算子运算，可得目标层A的模糊综合评价结果。其中，准则层指标的权重矩阵：W_A = ［0.2510，0.2338，0.2408，0.2744］。

$$A = W_A * R_A$$

$$= [0.2510, 0.2338, 0.2408, 0.2744] * \begin{pmatrix} 0 & 0 & 0.3277 & 0.6723 \\ 0.0895 & 0.5375 & 0.3730 & 0 \\ 0.3267 & 0.3143 & 0.1938 & 0.1651 \\ 0 & 0.1944 & 0.1425 & 0.6630 \end{pmatrix}$$

$$= [0.0996, 0.2547, 0.2552, 0.3904]$$

由此，得到目标层A的模糊综合评价向量A =［0.0996，0.2547，0.2552，0.3904］，如表12-6所示。

表12-6　2017年常州市农产品流通效率目标层综合隶属度

常州市农产品流通效率综合评价	评价结果			
	较低	一般	较高	很高
	0.0996	0.2547	0.2552	0.3904

结果显示，2017年常州市农产品流通效率有0.10%的可能性为较低；有25.47%的可能性为一般；有25.52%的可能性为较高；有39.04%的可能性为很高。在四个等级中隶属度39.04%最大，因此2017年常州市农产品流通效率很高。

以此类推，可以依次得到 2017 年江苏省 11 个市农产品流通效率目标层评价结果，如表 12-7 所示。

表 12-7 2017 年江苏省各市农产品流通效率评价的目标层综合隶属度

城市	较低	一般	较高	很高
徐州市	0.3656	0.0657	0.1361	0.4326
连云港市	0.4068	0.1898	0.3013	0.1021
宿迁市	0.3957	0.1034	0.1049	0.3960
淮安市	0.3675	0.2010	0.2753	0.1562
扬州市	0.1347	0.2589	0.3987	0.2077
泰州市	0.4082	0.2813	0.1624	0.1480
南通市	0.1455	0.0714	0.4816	0.3015
南京市	0.3759	0.1021	0.1895	0.3324
苏州市	0.2177	0.1964	0.1461	0.4397
常州市	0.0996	0.2547	0.2552	0.3904
镇江市	0.3729	0.0978	0.2278	0.3015

最后，计算综合评价得分。根据公式（12.14）将综合隶属度值乘以对应的评价值，S=0.0996 * 25+0.2547 * 50+0.2552 * 75+0.3904 * 100=73.405≈73.41。即 2017 年常州市的农产品流通效率综合评价得分为73.41。类似地，可以得到江苏省 11 个市农产品流通效率评价得分及排名，如表 12-8 所示。

表 12-8 江苏省 2012—2017 年农产品流通效率综合评价得分

	2012	2013	2014	2015	2016	2017	平均得分	排名
常州	64.84	67.85	68.64	70.29	71.81	73.41	69.47	1
苏州	64.23	69.12	71.31	68.89	69.89	70.2	68.94	2
徐州	67.25	68.04	70.73	69.97	71.6	65.89	68.91	3
扬州	75.94	64.19	64.88	66.41	68.07	66.98	67.75	4
南通	56.8	53.8	63.12	61.31	74.87	73.48	63.9	5

续表

	2012	2013	2014	2015	2016	2017	平均得分	排名
宿迁	61.04	59.1	60.45	61.12	65.93	62.53	61.69	6
南京	54.25	56.58	62.22	62.81	65.94	61.96	60.63	7
连云港	59.21	60.81	63.46	60.65	60.98	52.47	59.6	8
泰州	54.84	58	52.26	55.63	61.26	51.26	55.54	9
淮安	44.58	50.23	52.78	57.63	59.16	55.5	53.31	10
镇江	42.07	45.87	50.46	53.61	61.88	61.45	52.56	11

进一步地，可以得到江苏省的三大区域即苏北、苏中和苏南地区历年的农产品流通效率评价得分、排名以及其发展趋势，如表 12-9 和图 12-2 所示。（苏南：南京、苏州、常州、镇江；苏中：扬州、泰州、南通；苏北：徐州、连支港、宿迁、淮安）

表 12-9 苏南、苏中、苏北地区农产品流通效率综合评价得分

	2012	2013	2014	2015	2016	2017	平均得分	排名
苏南	56.35	59.86	63.16	63.90	67.38	66.76	62.90	1
苏中	62.53	58.66	60.09	61.12	68.07	63.91	62.39	2
苏北	58.02	59.55	61.86	62.34	64.42	59.10	60.88	3

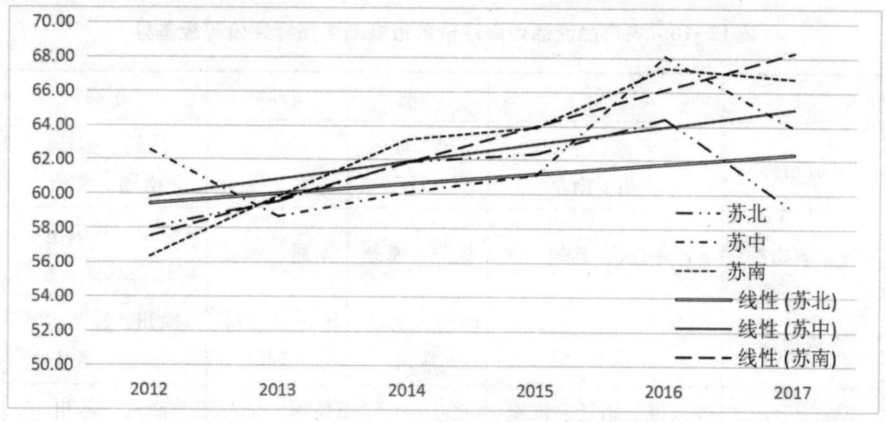

图 12-2 2012—2017 年苏南、苏中和苏北农产品流通效率综合评价得分变化趋势

12.3.3 总体结果分析

12.3.3.1 各指标权重测度结果分析

由表12-4可知，准则层指标对农产品流通效率的影响权重排名依次为：信息流指标>商流指标>物流指标>资金流指标；13个因素层指标的影响权重排名前七的依次为：从业人员劳动生产率、批零业市场集中度、库存率、总资产周转率、存货周转率、流动资产周转率、电话普及率。

根据最大隶属度原则，从评价结果可以得出，江苏省11个市的研究样本中在商流效率方面评价很高的有徐州等4个市，一般的有扬州等3个市，较低的有连云港等4个市；在资金流效率方面评价很高的有5个市，较高的有2个市，一般的有2个市，较低的有2个市；在物流效率方面评价很高的有4个市，较高的有3个市，一般的有3个市，较低的有镇江1个市；在信息流效率方面评价很高的有3个市，较高的有2个市，较低的有5个市。具体如表12-10所示。

表12-10 农产品流通效率评价各市准则层指标评价等级差异

	较低	一般	较高	很高
商流指标	连云港、淮安、泰州、南京	扬州、苏州、镇江	–	徐州、宿迁、南通、常州
资金流指标	南京、苏州	扬州、常州	南通、镇江	徐州、连云港、宿迁、淮安、泰州
物流指标	镇江	南通、南京、常州	扬州、泰州、苏州	徐州、连云港、宿迁、淮安
信息流指标	连云港、宿迁、淮安、泰州、南通	–	扬州、镇江	南京、苏州、常州

分析可知，单因素指标中流通业从业人员劳动生产率、批零业市场集中度和库存率是影响农产品流通效率的核心因素。而资产周转率、电信和互联网的应用对其作用程度较小。说明当前江苏省农产品流通业仍以人员密集型为主，且较高的组织化和库存周转起到关键作用，但是资金周转和信息化水平不高，应推进新型金融模式的应用，充分发挥互联网和信息技术在流通各环节的作用。准则层指标中信息流效率和商流效率对农产品流通效率的影响程度最高，而表12-10显示，较多的市在这两个维度的发展等级处于较低水平，且各个市间存在较大发展差异，两极分化严重。因此，相关主体应着力培育和发展新型商业模式，发掘市场动力，推动信息技术等资源利用和共享。

12. 3. 3. 2　模糊综合评价结果分析

根据2012—2017年的统计数据，计算得江苏省11个市的农产品流通效率综合评价值在52. 56—69. 47之间（见表12-8所示）。按照评价等级，各个市农产品流通效率综合评价均为较高水平，江苏省整体也为较高等级。其中，得分在65—70之间的有常州市、苏州市、徐州市和扬州市四个市；得分在60—65之间的有南通市、宿迁市和南京市；得分在55—60之间的有连云港市和泰州市；得分在50—55的有淮安市和镇江市。

在地区得分中，三个区域的平均得分为苏南>苏中>苏北（如表12-9所示），2012—2017年间，三区域的农产品流通效率均呈波动式提高态势（如图12-2所示），其中苏南地区的提高速率最大、苏中次之、苏北最慢。

分析可知，研究样本各市的农产品流通效率评分存在一定差异，但差异不是很大，说明江苏省农产品流通整体发展较为均衡，且处于较高效率水平。从三个地区看，苏南地区流通效率最高，主要因其高度发达的经济和现代化水平，以及独具优势的地理区位。

12.4 结论与建议

12.4.1 主要结论

以流通过程的要素为评价框架，实证测算了各要素对江苏省各市农产品流通效率的影响程度，以及影响准则层要素的主要因素；探讨和分析了各市农产品流通效率的差异及变化趋势，主要结论如下：

第一，从各因素对农产品流通效率的影响程度看，准则层指标对农产品流通效率的影响程度依次为信息流效率>商流效率>物流效率>资金流效率；其下属因素层指标影响权重最大的分别是从业人员劳动生产率、总资产周转率、库存率以及电话普及率。

第二，从流通效率水平和发展态势看，单个城市中，得分排名前三名的城市分别是常州市、苏州市和徐州市，原因是这些城市在影响流通效率最大因素的信息流效率和商流效率方面发展水平评价很高；分区域看，农产品流通效率得分排名依次为苏南、苏中、苏北，原因在于苏南地区发达的交通和周边广阔的需求市场。2012—2017 年，无论是各市还是苏南、苏中、苏北地区，农产品流通效率都呈现曲折中上升趋势，各地间存在一定差异，未来加强合作与融合是大势所趋。

12. 4. 2　主要建议

12. 4. 2. 1　打通市场发展新模式和促进连锁经营

首先，连接农贸批发市场与次级农贸市场，加速市场设施和布局完善。第一，在进行市场和超市建设时要考虑新规划城区、新建小区以及农民集中居住区的居民物质需求。第二，农贸市场内应建立农民直销区域，使得农产品生产量达不到批发数量标准的农民可以有场地进行规范直销，从而促进江苏省农产品商流效率的提升。一方面，运用超市管理的评价标准，增加市场导向机制，并制定符合市场经济要求的销售机制，如产品定价机制、价格结算机制等。另一方面，深度挖掘和发挥超市销售的多网点优势，增设一批高层次的农产品经营市场，以提高管理工作效率和农产品销售率。

其次，促进一体化和连锁经营。以规模批发企业为市场中心，向农产品流通的上、下游延伸，发展纵向一体化。一是向上游延伸，通过投资兴建农产品产业基地或通过合并、兼并控股等方式与农产品经销商、加工企业联合。二是向下游零售端延伸，鼓励各市通过电商平台开展生产基地与社区店、生鲜便利店等合作，如推广城区前置仓直采模式、推广生鲜社区团购模式等。三是积极开展农产品连锁经营试点，推动分工的专业化和管理的集中化，加强供应链的内部控制，降低成本，实现规模效益，以产生定向消费信任使商流活动持续稳定。

12. 4. 2. 2　加强金融合作和推广农产品供应链金融

一方面，加强金融合作，现代流通中的资金流除了保障商流的顺利进行，其职能更加多样化。应进行统一规划，加强农产品流通领域中的金融资源开发、金融市场开拓和金融政策制定等方面通力合作。江苏省应依托长三角及自身特色优势，激发金融业潜在动能，加大“互联网+”下的高端金融业在农产品流通中的应用，提升城市高端产业和现代服务的承载能力。

另一方面，在农产品流通领域推广科学适合的供应链金融模式，首先，充分发挥当地金融优势、在供应链体系中操作规范的大型物流类企业或规模以上龙头企业、金融科技企业等，联合建立金融服务平台，用以记录征信、主体间交易情况、产品信息追踪等信息共享。其次，运用区块链、大数据等技术积极探索适宜本地发展的农产品供应链金融模式。例如，大宗农产品可以考虑期货、期权抵押融资，具有生态价值的农产品，在生长过程中其附带价值收益权也可进行抵押。最后，加强农产品供应链金融监管，做好风险防范。当前，常见的模式主要以核心企业信用担保为主，因此核心企业应注重优质企业的选择，用科技手段进行实时监控，提高预判和规避能力。资金供应企业应审慎考虑合作伙伴，对放款条件制定明确的标准等。

12.4.2.3 推进冷链物流和智能物流建设

第一，改造或建设冷冻、冷藏和保鲜仓库等设施。特别是加强“最先 1 公里”和“最后 1 公里”的产地预冷。一方面，建立大型冷库，提供初级加工和反季产品的储存等服务。另一方面，合理规划派送节点。科学选择网点的密度和位置分布，平衡冷链配送的成本与产品质量。

第二，完善鲜活农产品检验检疫体系和标准。颁布食品安全、卫生检疫标准，并将检验结果生成电子报告或二维码追踪标识，录入信息服务系统，实现结果互通，流通路径可追溯。

第三，以“互联网+”赋能物流 。借助互联网、大数据技术，设置前置仓等手段，对价格指数、行业指数、数据流程监控等进行实时抓取，精准地把握供需市场动向，分析消费者对规格、品质等差异化需求，实现精准配送、规避市场风险。运用云计算、区块链等科技手段，实现平台自动物流运力分析、加密存储追溯等，以及终端市场需求分析数据汇总及渠道反馈等功能。

12.4.2.4 充分利用信息和互联网平台提高农产品流通效率

首先，应大力推广互联网电子销售平台建设，加大宣传积极倡导大众通过网络进行交易，以降低中间环节的物流和损耗成本，并且给农民生产者和消费者以更大的选择权，让他们可以自由和充分地提供服务或者享受服务。

其次，应该充分利用网络的便捷优势，将物流信息整合到信息平台，通过固定专业的定点配送车辆，减少农产品在流通过程中的不必要损耗。

最后，政府部门应联合核心龙头企业，建立农产品安全追溯系统，使消费者可以清晰了解生产源头以及各环节的交易情况，同时可以着力打造和发展特色品牌，实现按需生产和由需求端指导供给侧改革，促进农产品流通。

第13章　结论、对策与进一步研究展望

[**内容提要**] 首先，总结本研究的主要结论；其次，分别从宏观政府调控与微观企业行为两个不同层面提出促进我国新型区域特色农产品现代流通方式形成的主要建议；最后，对进一步研究内容进行了展望。

13.1　本研究结论

发展新型区域特色农产品现代流通方式的关键是通过农产品流通机制创新，形成多主体竞争有序、生态链接、活力激发、合作共赢的农产品流通新格局，从而开创农产品流通新局面。本研究的主要结论如下。

13.1.1　创新农产品流通组织形式有助于培育新型市场经营主体

农产品产业生态体系中的生产端服务层、流通服务层以及消费服务层的主体数量巨大，其中，经营主体的组织化程度和发展质量是关乎农产品生态体系运行情况和农产品流通效率的重要因素。农产品的价格较低，因此增大自身的经营规模是各流通主体提高经济收益的主要途径。

分散经营的形式因为技术成本较高而往往不利于新技术的应用，规模化经营不仅能够增加经营主体的经营利润，还因为新技术的运用而提升农产品的流通效率。政府部门应当充分重视农产品经营主体在农产品流通中的核心地位，并充分保障和增大农产品经营主体的经济利益，增大对农产品经营主体的扶持力度，促进生产端服务层、流通服务层和消费服务层的规模化经营。在具体政策上，政府可以利用政策补贴、税收优惠等措施来促进农产品经营主体的规模化发展，支持农产品电商市场的建设，从而提升区域特色农产品流通效率。同时，生产端服务层、流通服务层以及消费服务层的经营主体也可以通过建立协会或者自发的形式联合起来，实现资源信息共享，实现规模化发展。

13.1.2　创新农产品交易方式有助于构建新型市场交易机制

电子商务的发展一定程度上改变了部分农产品的交易方式，目前，我国的农产品的交易方式可以分为两大类：一种是电子商务交易，以淘宝、拼多多等电商交易平台为主；另一种交易方式为线下一对一支付交易。这两种交易方式承担了中国绝大部分农产品的流通量，且都是现货交易。虽然近年来中国也出现了农产品的期货市场，但是一方面该市场参与主体交易的目的以投机套利为主，并非农产品的需求供给买卖对接；另一方面，期货市场交易的农产品种类少，聚焦于小麦、大豆等高产量、易储存的农产品，对于水果类、海鲜类、肉类等其他与消费者生活息息相关的农产品，目前中国的期货市场并不涉及。

由于目前中国区域特色农产品的交易方式都为现货交易，而农民决定生产农产品与正式售出农产品之前存在时间差，所以，市场上存在着农产品供给与需求不完全匹配的情况。这种供需不匹配是由农产品的生产特点决定的，构建信息网络系统虽然可以实现生产者与消费者对接，消除信息不对称，但是现货交易方式并不能解决由生产时间差造成的供需不匹配问题。因此，中国需要创新农产品交易方式，实现把期货交易引入水果、肉类、海鲜等不易储存的农产品上，并且增加更多的现货交易方式。

创新农产品交易方式可以建立竞买、挂牌、集采等新型农产品电子现货交易模式，也可以建立预售、新预售等新型农产品电子现货交易模式。将生产者、消费者、金融机构、电商服务平台和物流公司整合成一个供应链网络体系，将供应链流通要素结合在一起，实现商流、物流、资金流与信息流互相促进、互相推动，最终达成交易，从而产生高效的产业生态流通效益。

13.1.3 创新农产品物流配送方式有助于提高流通整体效率

以“就近配送”为原则，建立短半径、零库存的高效物流配送体系。所谓“短半径”主要包括供应的短半径、配送的短半径、情感的短半径。其中，供应的短半径是指，在优质农产品供不应求的前提下，优先满足就近市、县及农村市场的需求；配送的短半径是指，该模式采用店配模式（门店自提或最后一百米配送），将集货店设置于消费者聚集的社区，进行短距离配送；情感的短半径是指，优质产品的传播路径是乡土情结和社交需求。所谓“零库存”是指，该模式采用订单驱动方式，消费者订购商品并支付货款后，由生产者、产品经理、县级公司、门店等组成的价值链条即着手进行备货、包装、检验检疫、物流、配送等工作，除门店暂时集货外，库存保存在农户生产基地，从而可节约成本，提高物流配送效率。同时，在零售终端推广社区服务综合体概念，改“农消对接”的配送到家为配送到店，实施社区“最后一百米”配送或委托社区便利店配送，或以自提点、自提柜等方式由消费者自提，降低配送成本。

13.1.4　创新农产品融资方式有助于深度融合产业资本与金融资本

建立互联互通、征信系统完善、信贷标准统一、操作合规、透明的金融服务体系。依托银行、保险、投行等金融行业，在供应链体系中操作规范的大型仓储类企业或规模以上 B2B 龙头企业等，形成流通体系内管控式短期融资模式。探索产业资本与金融资本在线上实现深度结合，针对供应链上的不同主体推出和完善存货融资、仓单融资、应收账款质押融资等多种金融产品或融资模式，挖掘产业链中核心企业信用、票据、土地和房产等信用资源，推出保理、票据融资、不动产抵押融资等产品。在存货、质押融资业务上，依托区块链加密技术和物联网实时监控技术，联合核心优质客户、金融机构以及专业区块链技术公司，搭建立足于单次或滚动存货质押融资的封闭区块链。

13.1.5　开发与完善区域特色农产品产业电子商务平台是实现农产品现代流通方式的有效途径

借助现代化的互联网信息技术，如移动电子商务和云平台技术等，构建并完善区域特色农产品产业电子商务平台是目前我国实现农产品现代流通方式的有效途径。通过先进的技术系统、配套服务和完善的制度规则，为农产品的生产端提供销售、定价、回款、结算、客户发掘等服务，为消费端提供结算、找品种、融资等服务，从而实现市场服务的功能；以品种作为划分标准，与当地金融机构合作，开发出连接银行与交易平台的结算系统，实现平台的资金结算与融资功能；通过取得政府支持和建立标准化与违规惩罚机制，从而建立一套覆盖完善的质量追溯体系，实现产品质量追溯体系功能；通过授权第三方仓库、构建多家遍布各原料产地、销地和集散地的交收仓库服务网络、依托云技术在全国各地建立分仓等措施，实现云仓储、物流、配送一体化功能；通过收集农户、物流商家、消费者的信息并进行共享与供需配对、对物流资源进行合理规划与优化以及对产品质量标准进行查询与评价，实现平台的信息收集、处理、使用、共享与传播功能。通过实现特色农产品生产、配送、消费全过程的信息采集、信息共享、信息处理、信息应用与传播等功能，建立信息公开、透明的共享机制，将商流、物流、资金流、信息流等流通要素互联、互通及优化、共享，最终实现区域特色农产品流通产业链的全局与整体优化。

13.2 主要对策

13.2.1 政府宏观调控层面

13.2.1.1 加快建设区域特色农产品电子现货交易专区，完善配套服务设施

目前我国区域农产品电子交易中心十分缺乏，建立集交易功能、供应链融资功能、仓储与物流配送功能、信息共享、传递与风险控制功能为一体的区域现代化农产品电子交易中心极为迫切。该交易中心应该具有以下功能：第一，定价功能。合理划分产品展示区、交易区和物流

区，市场内集中进行预选分级和初加工，推进农产品质量等级化、包装规格化、标识规范化和流通品牌化，促进农产品以质定价和优质优价。建立农产品信息数据库，通过大量的交易数据形成农产品价格指数，指导生产和销售。第二，产品检验检疫与信息查询功能。加快推动检验检测功能，强化标准统一。完善农产品市场准入、索证索票、产地查询与信息传递等管理体系，保证交易规范化和产品质量安全。第三，全程冷链集散功能。支持加快建设具有集中采购、科学仓储和跨区域配送能力的农产品冷链物流集散中心，配备预冷、低温分拣加工、冷藏运输和配送、冷库等设施设备，建立覆盖农产品从生产包括流通全程的冷链物流体系。第四，市场预测和应急调配功能。一方面，农产品电子交易市场日成交量巨大，形成的大量数据沉淀会对突发的供给不足或市场需求变化做出敏感反应，应充分利用大数据对未来市场进行预测；另一方面，农产品区域电子交易中心作为农产品的集散区域，应针对市场预测充分发挥其仓储和疏通功能，为市场进行应急调配。第五，通过实现竞买、挂牌、预售、新预售、集采等新型农产品电子现货交易模式或组合模式的创新，有效整合供应链流通要素商流、物流、资金流与信息流，从而产生高效的产业生态流通效益。

13.2.1.2 构建良好的营商环境，形成区域内现代流通的良好氛围

推动全国以及区域内农产品流通领域相关立法工作。通过立法增强规划的约束力和保障力，使农产品电商平台发展步入健全的法制轨道。政府部门可以安排专项资金，以政府投资或者参股的形式对农产品电商平台的投入加大力度，从而提高政府对农产品流通的调控能力，推动我国农产品电商平台有序发展。鼓励银行、保险等金融行业助力农产品电商平台，通过银行在线供应链金融服务以及引入保险机制创建“订单+

农批市场+电商平台”的经营模式，拓宽服务宽度，实现农产品电商平台资本—金融—流通的战略运作。

信息共享和风险控制是现代农产品流通的基础。信息共享和风险控制机制的形成，不仅需要规章制度的约束，也需要良好的营商环境和营商氛围。各级政府在有效落实农产品流通政策的同时，市场部分的措施可以下放到企业，给予企业自由的营商环境。地方政府基于总体文件为地方企业构建一个框架，框架内的运行由企业自己决定，政府起到监督和引导作用，即政府要放得开、管得住、服务到位。良好的营商环境不仅可以给企业松绑，激发企业创新力，激发市场活力，还可以释放积极的信号，吸引更多企业的加入。通过政府引导、行业协会和龙头企业参与，打造区域特色的农产品品牌，实现网络品牌效应，吸引外商投资，扩展产业链的价值程度。

13.2.1.3 规范市场主体行为，加强市场监督

参与区域特色农产品产业生态链的各相关主体，包括生产商、经销商、物流商、金融机构、保险公司等具有平等的市场主体地位，其在参与市场交易与竞争时行为应符合法律、法规要求，并接受市场监督。目前来看，一方面，缺乏相关的市场规范文件对农产品产业生态链各参与主体的市场行为进行约束；另一方面，一旦出现违规操作，对违规方的约束力度薄弱。因而，在政策实施上，政府部门一是要着重完善农产品电子交易市场内部秩序，促进农产品电子交易市场经营的规范化；二是要针对不同流通主体的市场行为出台相应的激励与约束机制，建立市场准入条件与市场退出机制；三是要通过金融机构、电子交易平台等多个方式对各市场主体的营商行为进行监管，及时发现各主体违约的风险并及时控制和补救，减弱违规主体负的外部效应；四是针对不同流通主体

的违规行为分别建立严格而适配的惩罚机制，并认真执行，增加各流通主体的违规成本，从而达到规范其市场行为的目的。

13.2.2 企业微观行为层面

13.2.2.1 引入现代化企业制度，创新流通企业组织形式

微观企业作为供应链上的流通主体，既是市场经营主体也是价值创造主体和市场创新主体。微观企业进行组织机制创新，有利于企业的产权明晰、权责分明、管理科学和有效运转，从而提高企业的经营效率和效益，并最终提高供应链的经营效率和效益。供应链上、中、下游各环节的企业进行组织创新即改变传统的组织形式，将公司战略管理、股权结构设计、股权激励方法等引入企业内部。

通过多种方式培育适应市场经济体制运行的现代化农产品生产、经营主体，提高农业组织化程度，改变过去经营主体单一的局面，增强营销能力和农产品竞争力，从而提高农产品流通效率。

13.2.2.2 以品质消费为引导，促进特色农产品生产与消费升级

通过了解消费者需求，占领有效市场，采用市场细分、聚焦、速度等策略建立根据地市场和战略性区域市场，深入开展“特色农产品经销联盟公司+有效市场+消费者需求”的精益销售等，同时加强品牌宣传，提高品牌认可度。本文所指的品牌具有两层含义：第一是指特色农产品的品牌。完善地标产品、有机产品、无公害农产品、绿色食品的引进，打造特色品质爆款农产品，有助于增加农产品销售量，提高平台盈利能力。第二是指互联网平台的品牌。加大平台品牌宣传力度，提高消费者对品牌的认可度，使农产品品牌与互联网平台品牌相结合，可使品

牌效应得到无限放大。消费者对品牌认可度的提高有利于提高消费黏性，一方面指导生产端的生产，在给生产端带来品牌效益的同时，鼓励生产端生产更加优质的特色农产品，促进农产品的优胜劣汰，形成农产品升级的良性竞争；另一方面，在给互联网公司带来品牌红利的同时，刺激互联网加大对特色农产品品牌的重视程度和支持力度，从而不断进行生产与消费升级。

13.2.2.3 加快技术研发与应用，提高生产与流通技术化水平

农产品现代化流通与流通技术体系之间存在很强的联系，流通技术体系构建是推进农产品现代化流通的突破口，是构建农业现代化的重要内容。流通参与主体要加快流通技术的研发，提高生产与流通技术化水平。流通技术包括电子商务技术、冷链物流技术和智能物流技术。目前，随着消费者对新鲜蔬果、海鲜产品、肉类消费的增加，冷链物流技术和智能物流技术是流通企业亟待发展的技术种类。推进冷链物流和智能物流建设，首先要改造或建设冷冻、冷藏和保鲜仓库等设施。一方面，建立大型冷库、合理规划派送节点；另一方面，完善鲜活农产品检验检疫体系和标准。其次，以“互联网+”赋能物流。将互联网、大数据、云计算、区块链等技术应用到物流中。

13.3 进一步研究展望

我国经济已由高速增长阶段转向高质量发展阶段，要增强农业竞争力，发展农产品现代流通方式是必经之路。物联网、大数据、云计算、

人工智能等新型技术的应用，形成了数字农产品流通渠道、流通模式构建的基础。技术层面的改革升级是促进创新流通方式持续健康发展的保障。通过供应链组织创新、农产品交易方式创新、供应链金融创新、仓储物流方式创新等，将这些技术应用到农产品生产、加工、运输、销售、信息等供应链各环节，可以在农产品前端需求、标准规范制定、质量追溯、仓储物流建设等方面构建一条全信息化的农产品流通体系。越来越多的农产品电商平台运用技术发掘用户潜在需求，从农产品原产地出发连接需求侧的消费者，创造性地打造新零售、网络直销、农产品众筹、社区团购、产业电商等新型农产品流通方式，为农产品流通创新发展提供了广阔的思路。

本研究在初步成果取得的基础上，将进一步提升研究成果的质量，进一步拓展研究视野，持续跟踪总结我国农产品流通实践中出现的新思想、新技术、新方法，从理论与实践两方面持续改进与提高。

附录 《区域特色农产品现代流通方式影响因素分析》调查问卷

尊敬的先生/女士：

您好！

农产品现代流通方式与我们息息相关，近年来迅速发展的农产品电商平台在促进农产品现代流通方式形成方面具有巨大优势。为此，北京工商大学《农产品现代流通方式研究》课题组基于用户视角开展农产品电商平台现代流通方式调查，调查对象为使用农产品电商平台的用户（包括机构或个人）。希望您在百忙之中能够参与调查，您的意见对我们的研究至关重要，恳请您仔细填写。本问卷为匿名作答，课题组承诺所收集的数据仅用于学术研究，不涉及任何商业目的，请您放心填写。

非常感谢您的热心和对学术研究的支持。祝您身体健康，事事顺利！

1. 您使用的电商平台性质：[单选题] *

○自建网站

○第三方平台（京东在线、天猫等）

○专门负责农产品（生鲜）电商平台（每日优鲜等）

○超市自建网站（微信公众号、App 等）

○外卖平台（美团、饿了么等）

2. 您的受教育程度：[单选题] *

○初中及以下

○中专或高中

○大专

○本科

○硕士及以上

3. 您的身份是：[单选题] *

○消费者（B2C 电商模式）（请跳至第 4 题）

○经营商户（B2B 电商模式）（请跳至第 5 题）

4. 您的职业：[单选题] ＊＊＊填写完该题，请跳至第 11 题。

○学生

○个体

○自由职业

○企业公司员工

○公务员、事业单位人员

○其他

5. 企业性质：[单选题] *

○个人

○专业大户

○专业合作社

○农业企业

○农产品市场

○涉农电子商务公司

○其他

6. 请问贵公司网上销售的农产品主要来源?[单选题] *

○自产

○自加工

○代销

○收购

○其他

7. 请问贵公司网上销售的农产品原料产地?[单选题] *

○周边县农户

○省内

○省外

○国外

8. 请问贵公司农产品的销售类别?[单选题] *

○生鲜农产品

○加工农产品

○食品(取得食品流通许可证)

○以农副产品为原料的日用品、工艺品

○其他

9. 请问从事农产品电商销售已有多长时间?[单选题] *

○不到 0.5 年

○0.5 到 1 年

○1 年以上到 2 年

○2 年以上到 5 年

○5 年以上

10. 贵公司的规模：[单选题] *

○10 人及以下

○11—20 人

○21—50 人

○51—100 人

○100 人以上

11. 下述对于农产品电商平台商品销售服务方面的描述（1 表示极差；2 表示差；3 表示一般；4 表示好；5 表示极好，请根据您的实际情况选择最符合的一项）[矩阵量表题] *

	1	2	3	4	5
我认为该农产品电商平台能够提供详细真实的产品介绍	○	○	○	○	○
我认为该农产品电商平台能够有效地分享供求信息	○	○	○	○	○
我认为该农产品电商平台能够及时提供产品价格行情	○	○	○	○	○
我认为该农产品电商平台能够进行挂牌、预售、竞拍等多种方式销售	○	○	○	○	○
我认为该农产品电商平台能够提供优质的客户服务	○	○	○	○	○

12. 下述对于农产品电商平台商品物流服务方面的描述（1 表示极差；2 表示差；3 表示一般；4 表示好；5 表示极好，请根据您的实际情况选择最符合的一项）[矩阵量表题] *

	1	2	3	4	5
我认为该电商平台销售的农产品能在承诺的时间和地点配送，满足消费者的需求	○	○	○	○	○
我认为该电商平台的农产品运输包装很专业美观，能够最大程度保障农产品的品质	○	○	○	○	○
我认为该电商平台上的信息流通好，能够及时更新物流信息	○	○	○	○	○
我认为该电商平台本地农村物流配送体系健全，能够有效降低物流成本	○	○	○	○	○
我认为配送人员服务态度让我满意	○	○	○	○	○

13. 下述对于农产品电商平台商品信息服务方面的描述（1 表示极差；2 表示差；3 表示一般；4 表示好；5 表示极好，请根据您的实际情况选择最符合的一项）［矩阵量表题］*

	1	2	3	4	5
我认为该电商平台能够高效地将各种信息资源共享，提高平台商户入驻率，进行资源的合理配置	○	○	○	○	○
我认为该电商平台有足够的技术支撑，可将产品链接到微信、微博、论坛等多辅助渠道进行销售	○	○	○	○	○
我认为该电商平台的网站推广力度足够大，有一定的知名度，有助于推销自有农产品品牌	○	○	○	○	○
我认为该电商平台能够高效地整合生产商、销售商以及消费者三者的供需信息，减少流通环节，提高流通效率	○	○	○	○	○
我认为该电商平台的信息查询系统、电子交易结算可追溯系统等信息网络体系建立足够标准、专业、先进	○	○	○	○	○

14. 下述对于农产品电商平台商品金融服务方面的描述（1 表示极差；2 表示差；3 表示一般；4 表示好；5 表示极好，请根据您的实际情况选择最符合的一项）［矩阵量表题］ *

	1	2	3	4	5
我认为该电商平台可以获得政府的扶持，能够享受一些税费优惠、物流补贴等政策	○	○	○	○	○
我认为该电商平台能够获得金融机构的支持，有助于平台融投资	○	○	○	○	○
我认为该电商平台能够方便使用各种线上付款方式（如微信、支付宝、云闪付等），能够提高交易效率	○	○	○	○	○
我认为该电商平台的交易结算环境安全，能够同时保障消费者和商家的资产安全	○	○	○	○	○

15. 下述对于农产品电商平台用户满意度的描述（1 表示极差；2 表示差；3 表示一般；4 表示好；5 表示极好，请根据您的实际情况选择最符合的一项）［矩阵量表题］ *

	1	2	3	4	5
我对农产品电商平台的商流服务感到满意	○	○	○	○	○
我对农产品电商平台的物流服务感到满意	○	○	○	○	○
我对农产品电商平台的信息流服务感到满意	○	○	○	○	○
我对农产品电商平台的资金流服务感到满意	○	○	○	○	○

16. 下述对于农产品电商平台流通效益的描述（1 表示极差；2 表示差；3 表示一般；4 表示好；5 表示极好，请根据您的实际情况选择最符合的一项）［矩阵量表题］ *

	1	2	3	4	5
我认为农产品电商平台可以使得农民增收、企业增效、政府增税	○	○	○	○	○
我认为农产品电商平台是一种合作化、订单化、集约化的农产品流通模式，能够优化资源配置，提高流通效率	○	○	○	○	○
我认为农产品电商平台改善了交易服务环境，降低了流通成本，完善了农产品、服务以及要素价格形成机制	○	○	○	○	○
我认为农产品电商平台能够释放消费者的消费潜能，满足其消费需求	○	○	○	○	○

非常感谢您的配合，祝您生活愉快!

主要参考文献

[1] 习近平 . 深入理解新发展理念 [J]. 社会主义论坛，2019 (6)：4-8.

[2] 习近平 . 中共中央政治局第二次集体学习时讲话 [J]. 实践 (思想理论版)，2017 (12)：7.

[3] 习近平 . 在中国发展新起点全球发展新蓝图——在二十国集团工商峰会开幕式上的主旨演讲 [J]. 中国经济周刊，2016 (36)：30-35，147.

[4] 习近平 . 在全国网络安全信息化工作会议上强调，敏锐抓住信息化发展历史机遇，自主创新，推进网络强国建设 [J]. 中国共青团，2018 (05)：4-6.

[5] Weld，Louis D. H. . The Marketing of Farm Products [M]. New York：The Macmi Han Company，1916.

[6] Breyer Ralph F. The Marketing Institution [M]. New York：Mc Graw-Hill，1924.

[7] Alderson Wroe. Marketing Behavior and Exective Action [M]. Homewood：Irwin. ，1957.

[8] DOV Izraeli, Ph. D., Dafna N. Izraeli Ph. D. and Jehlel Zif, Ph. D. Integrative. Processes in Agricultural Marketing Channels [J]. Journal of the Academy of Marketing Science Summer, 1977 (5) No. 3: 203-220.

[9] Adintsova, A., Belarus State Academy of Agriculture, Gorki. Specific character of the formation of products distributions channels of meat processing enterprises of agro-industrial complex of the Republic of Belarus [J]. аграрная экономика (belarus). agrarian economics, 2006.

[10] Ahumada O, Villalobos J R, Mason A N . Tactical planning of the production and distribution of fresh agricultural products under uncertainty [J]. Agricultural Systems, 2012, 112 (none): 17-26.

[11] Milanovi J, Nikitovi Z, Garabinovi D. The impact of customer contact as part of the agricultural products distribution channel on the increase of the competitiveness of agricultural holdings [J]. Ekonomika poljoprivrede, 2020, 67 (2): 359-375.

[12] Mighell R. L. , L. A. Jones. Vertical Coordination in Agriculture [R]. U. S. Department of Agriculture-Economic Research Service-Agricultural Economic Report, 1963.

[13] T. P. Wilson, W. R. Clarke. Food safety and traceability in the agricultural supply chain: using the Internet to deliver traceability [J]. Supply Chain Management, 1998, 3 (3): 127-133.

[14] Rajiv D. Banker, Sabyasachi Mitra. Procurement models in the agricultural supply chain: A case study of online coffee auctions in India [J]. Electronic commerce research and application, 2007, 6 (3): 309-321.

[15] Evandro Bacarin, Edmundo R. M Madeira, Claudia Bauzer Me-

deiros. Contract E-Negotiation in Agricultural Supply Chains [J]. International Journal of Electronic Commerce, 2008, 12 (4): 71-98.

[16] Jimmy Carvajal, William Sarache, Yasel Costa. Addressing a robust decision in the sugarcane supply chain: Introduction of a new agricultural investment project in Colombia [J]. Computers and Electronics in Agriculture, 2019, 157: 77-89.

[17] Giovanni Mirabelli, Vittorio Solina. Blockchain and agricultural supply chains traceability: research trends and future challenges [J]. Procedia Manufacturing, 2020, 42: 414-421.

[18] 韩喜艳. 农产品流通组织化研究 [D]. 北京: 中国农业科学院, 2013.

[19] 吴赛. 基于演化博弈论的农产品流通组织研究 [D]. 南昌: 江西财经大学, 2014.

[20] 刘雨平. 基于"互联网+"的商贸流通组织体系重构 [J]. 商业经济研究, 2017 (07): 11-13.

[21] 李明睿. 我国流通组织现代化转型存在的问题及对策 [J]. 商业经济研究, 2019 (24): 117-119.

[22] 徐雅静. "互联网+"时代流通组织重构探究 [J]. 商业经济研究, 2020 (01): 20-22.

[23] 殷延海. 基于"农超对接"模式的农产品流通渠道创新策略 [J]. 改革与战略, 2012, 28 (02): 95-97.

[24] 赵晓飞, 李崇光. 农产品流通渠道变革: 演进规律、动力机制与发展趋势 [J]. 管理世界, 2012 (03): 81-95.

[25] 李杨. 基于关系视角下农产品流通渠道创新路径的选择 [J].

农业经济, 2013 (11): 127-128.

[26] 麦影. 农产品流通渠道创新研究——以伙伴关系为视角 [J]. 物流技术, 2014, 33 (03): 141-144, 153.

[27] 赵晓飞, 田野. 农产品流通渠道变革的经济效应及其作用机理研究 [J]. 农业经济问题, 2016, 37 (04): 49-57, 111.

[28] 李美羽, 王成敏. "互联网+" 背景下鲜活农产品流通渠道模式优化研究 [J]. 北京交通大学学报 (社会科学版), 2019, 18 (01): 102-114.

[29] 王勇, 孙美玉, 王艺璇, 等. 构建新型农产品协议流通模式 [J]. 农业经济, 2010 (01): 80-83.

[30] 黄洁. 基于农户视角的农产品流通模式分析 [J]. 乡村科技, 2016 (21): 80-82.

[31] 王春燕, 赵长盛, 东莎莎, 等. 我国农产品流通模式及发展方向 [J]. 中国果菜, 2018, 38 (12): 42-45.

[32] 陈文玲. 现代流通体系的革命性变革 [J]. 中国流通经济, 2012, 26 (12): 21-23.

[33] 谢晴. 大数据助力农产品流通 [J]. 中国农村科技, 2014 (12): 23-25.

[34] 曾小燕. 我国农业供应链金融发展问题研究 [J]. 经济研究导刊, 2019 (15): 71-73.

[35] R Oliviere, LCH Fouri, A Evans. Effective information access and automated traceability in fruit export chains in South Africa [J]. SA Journal of Information Management, 2006, 8 (4): 1-22.

[36] 胡跃飞, 黄少卿. 供应链金融: 背景、创新与概念界定 [J].

金融研究，2009（08）：194-206.

［37］李健，王亚静，冯耕中，等. 供应链金融述评：现状与未来［J］. 系统工程理论与实践，2020，40（08）：1977-1995.

［38］周艳红. 供应链金融研究综述［J］. 电子商务，2020（02）：56-57，84.

［39］高光莉. 我国仓储管理现状及发展趋势［J］. 现代经济信息，2014（08）：149.

［40］王元地，李粒，胡谍. 区块链研究综述［J］. 中国矿业大学学报（社会科学版），2018，20（03）：74-86.

［41］刘如意，李金保，李旭东. 区块链在农产品流通中的应用模式与实施［J］. 中国流通经济，2020，34（03）：43-54.

［42］丁俊发，张绪昌. 跨世纪的中国流通发展战略［M］. 北京：中国人民大学出版社，1998.

［43］宋则. 中国特色农产品流通现代化研究的力作［J］. 中国流通经济，2017，31（05）：127-128.

［44］吴硕，杨敏. 农产品流通体制改革的模式构想［J］. 农业经济问题，1987（02）：15-19.

［45］刘铮. 浅议农产品流通的现状与综合改革对策［J］. 吉林财贸学院学报，1989（03）：16-19.

［46］卢奇，洪涛，张建设. 我国特色农产品现代流通渠道特征及优化［J］. 中国流通经济，2017，31（09）：8-15.

［47］洪涛. 2018年上半年中国农村电商上行发展报告［J］. 农业工程技术，2018，38（12）：14-23.

［48］许亚萍，颜迪，李梦远，等. 印度农产品流通体系的新动态

[J]. 商业经济研究, 2018 (06): 135-138.

[49] 崔忠付. 冷链物流: 2019 回顾与 2020 年展望 [J]. 中国物流与采购, 2020 (01): 23-24.

[50] 李冠江. 南宁 (中国—东盟) 商品交易所商品集合竞价交易研究 [D]. 武汉: 华中科技大学, 2008.

[51] 陈灿平. 网上农产品交易平台的定价策略研究——基于双边市场理论 [J]. 西南民族大学学报 (人文社会科学版), 2019, 40 (03): 121-125.

[52] 潘晟. 风险控制背景下供应链融资的策略研究 [D]. 福州: 福州大学, 2017.

[53] 贺盛瑜. 电子商务时代物流联盟的建立与发展 [J]. 经济体制改革, 2003 (03): 47-50.

[54] 李骏阳, 刘宁. 论物流联盟的本质及发展趋势 [J]. 财贸经济, 2003 (08): 81-84.

[55] 戴进, 董继昌. 基于区块链技术的农产品信息流追溯体系建设 [J]. 物流工程与管理, 2019, 41 (07): 91-93.

[56] 张思程, 刘娇, 叶文涛, 等. "农产品+区块链" 新发展模式探索 [J]. 山西农经, 2019 (10): 18-19.

[57] 郭娜, 刘东英. 农产品网上交易模式的比较分析 [J]. 农业经济问题, 2009 (3): 75-80.

[58] 刘刚. 基于农民专业合作社的鲜活农产品流通模式创新研究 [J]. 商业经济与管理, 2013 (8): 5-10.

[59] 王胜, 丁忠兵. 农产品电商生态系统——一个理论分析框架 [J]. 中国农村观察, 2015 (4): 39-48.

[60] 吴明隆. 结构方程模型——AMOS 的操作与应用 [M]. 重庆: 重庆大学出版社, 2010.

[61] 邱皓政, 林碧芳. 结构方程模型的原理和应用 [M]. 北京: 中国轻工业出版社, 2012.

[62] 洪涛. 中国农产品电商发展报告 [J]. 农业工程技术, 2020 (15): 61-64.

[63] 洪涛. 降低流通成本、提高流通效率的路径选择 [J]. 中国流通经济, 2012, 26 (12): 30-35.

[64] 郭守亭, 俞彤晖. 中国流通效率的测度与演进趋势 [J]. 北京工商大学学报 (社会科学版), 2013, 28 (06): 12-19.

[65] 陈耀庭, 戴俊玉, 管曦. 不同流通模式下农产品流通效率比较研究 [J]. 农业经济问题, 2015, 36 (03): 68-74, 111.

[66] 王春豪, 袁菊. 西部地区现代流通业效率测度及空间差异分析——基于非径向超效率三阶段 DEA 模型 [J]. 工业技术经济, 2019, 38 (12): 102-110.

[67] 程书强, 刘亚楠, 许华. 西部地区农产品流通效率及影响因素研究 [J]. 西安财经学院学报, 2017, 30 (03): 88-94.

[68] 赵锋, 段风军. 1999—2012 年广西农产品流通效率及其演进趋势的实证分析 [J]. 南方农业学报, 2014, 45 (03): 509-514.

[69] 金赛美. 我国农产品流通效率测量及其相关因素分析 [J]. 求索, 2016 (09): 129-132.

[70] 张永强, 张晓飞, 刘慧宇. 我国农产品流通效率的测度指标及实证分析 [J]. 农村经济, 2017 (04): 93-99.

[71] 林翊, 吴碧凡. 中国省域流通效率及其影响因素研究——基于

空间统计及空间计量分析 [J]. 工业技术经济, 2017, 36 (08): 11-19.

[72] 何小洲, 刘丹. 电子商务视角下的农产品流通效率 [J]. 西北农林科技大学学报 (社会科学版), 2018, 18 (01): 58-65.

[73] 赵霞, 万长松, 宣红岩. 低碳约束下中国流通业效率的区域差异——基于三阶段DEA模型的测算 [J]. 北京工商大学学报 (社会科学版), 2018, 33 (05): 41-52.

[74] 李专, 于爱森. 中国农产品流通效率的实证分析 [J]. 农业经济, 2016 (08): 131-133.

[75] 张斌, 姜鹏, 程长林. 北京市农产品流通效率及其空间相关性分析 [J]. 商业经济研究, 2020 (14): 148-152.

[76] 尹元元, 张灿. 长江经济带农产品流通效率的时空特征及因素分解——基于2007—2016年面板数据 [J]. 商业经济, 2019 (09): 113-117.

[77] 涂洪波, 赵晓飞, 孙剑. 我国农产品流通现代化的模糊综合评价 [J]. 华中农业大学学报 (社会科学版), 2014 (01): 78-85.

[78] 李涛, 王盛煜. 基于灰色关联度和模糊综合评价法的我国电力市场交易评价体系研究 [J]. 工业技术经济, 2018, 37 (09): 130-137.

[79] 王晓平, 闫飞. 北京市生鲜农产品物流影响因素模糊综合评价 [J]. 江苏农业科学, 2018, 46 (15): 318-324.

[80] 黄晓丽, 刘耀龙, 段锦, 等. 基于灰色关联及模糊综合评价法的道路交通安全风险评价 [J]. 数学的实践与认识, 2017, 47 (07): 208-215.

[81] 孙巧巧, 段利忠, 卢奇, 等. 河南省三门峡市乡村医生月均收入满意度及其影响因素分析 [J]. 广西医学, 2018, 40 (1): 69-72.